你也可以靈活運用的為人處世謀略

三國演義

厚黑講義

The Wisdom of Three Kings

王照 ———— 編著

高爾基曾說：
在這一切都處於競爭和角逐的世界上，是沒有童話般的幻想和多愁善感存在的餘地。

確實，在這個瞬息萬變的現實社會，不時上演著鬥智鬥力的戲碼，每個人都無可避免必須面對劇烈的競爭，以及對手的無情挑戰，必須學會靈活運用各種智慧，讓努力發揮最高效益。
兵不厭詐，敵人的戰術往往虛虛實實，因此，除了不斷增強本身實力之外，
更要多看各種參考範例，《三國演義》中的靈活思考與應變謀略，正是幫助你取得勝利的重要關鍵。

出版序　　　　　　　　　　　　　　　　　　・王照

你也可以靈活運用的智慧謀略

> 人生戰場上的聰明人，總是根據不同的情勢靈活運用智慧，為自己創造更多機會，本書《三國演義厚黑講義》無疑是值得一讀再讀的謀略範本。

俄國作家高爾基曾說：「在這一切都處於競爭和角逐的世界上，是沒有童話般的幻想和多愁善感存在的餘地。」

確實，在這個瞬息萬變的現實社會，不時上演著鬥智鬥力的戲碼，每個人都無可避免必須面對劇烈的競爭，以及對手的無情挑戰，必須學會靈活運用各種智慧，讓努力發揮最高效益。

兵不厭詐，敵人的戰術往往虛虛實實，因此，除了不斷增強本身實力之外，更要多看各種參考範例，《三國演義》中的靈活思考與應變謀略，正是幫助你取得勝利的重要關鍵。

三國，中國歷史上最傳奇、最精采的時代。各路英雄霸主、武將謀士躍上歷史舞台輪番競技，上演著爾虞我詐、鬥智鬥力的戲碼，也在一場場人性博弈中演繹出許多經典戰役。

以下就是書中的一些精采的範例。

・曹操獻刀：臨危不亂的厚黑之道。

不管你是誰，不管是個人面對勁敵，還是企業面對危機，都應該時時俱備厚黑精神，臨危不懼、不慌不忙，才能更接近成功的目標。

・溫酒斬華雄：速戰速決的厚黑技巧。

快、狠、準是成功必備的要件，更是厚黑學中相當重要的訣竅。拖泥帶水、猶豫不決，只會讓機會白白流失、讓對手有機可乘。

- 曹操智解白馬之圍：聲東擊西的欺敵之術。

兵不厭詐，除了實力要足夠之外，能不能善用厚黑謀略，以巧妙的欺敵之計達成目的，也是取得勝利的重要關鍵。

- 連環計：步步為營才能步步勝利。

無論做任何事，都要保持高度的警惕。越是容易達成的事情，越要三思而後行。你懂得厚黑之道，別人當然也懂得厚著臉皮黑著心，對你另有所謀。害人之心不可有，防人之心更萬萬不能沒有！

- 劉備三讓徐州：試著把敵人變友人。

厚黑就是不被既有思考模式綁死，就算曾是死敵也可以成為好兄弟。畢竟，在人生戰場上，一切以利益為優先，沒有什麼規則是絕對不可以打破的。

- 關羽千里走單騎：把忠誠當成你的特色。

適時表現出你的忠誠度，也是職場必備的厚黑技巧之一。你不必搖尾獻媚，最高竿的做法，就是懂得適時「厚起臉皮」，讓老闆知道你的努力與用心，從而得到晉升的機會。

- 挾天子以令諸侯：妥善運用你手中的王牌。

厚黑，就是教你怎樣「賤」得更高明、更有效。見縫插針、靈活運用創意，善用手中的王牌……總之，不管好壞，千萬不要放棄任何嘗試，才能為自己爭取到成功的機會。

- 吳蜀結盟：合作可以產生最大力量。

厚黑學講求的就是靈巧多變。能夠因地制宜，像水一樣柔軟，即使在夾縫中也能靈活改變形體，才能在這個瞬息萬變的世界裡存活，進而壯大自己。

- 草船借箭：為成功尋找捷徑。

就積極層面而言，厚黑學就是教你正確的「投機」方法。別拘泥於舊有的規範與思考框架，做事的方法很多，你大可以浪費時間辛苦繞路，當然也能發揮創意，為自己另闢蹊徑！

・劉備借荊州：佔盡先機能幫助你成功勝利。

培養綜觀全域的智慧，正是厚黑學最強調的要點之一。如果沒有宏觀的智慧，那麼即使得利也只是一時的「近利」，長遠下來，未必能擁有真正的優勢。

・空城計：鎮定面對眼前的危機。

兵不厭詐，面對突如其來的危機，不能正面對決的時候，用點小技巧「偽裝」與「欺敵」，同樣能成功避險躲災，甚至反將對方一軍！

・諸葛亮弔周瑜：演一齣完美的戲。

厚黑戰術經常虛虛實實，要完美實現自己的策略，除了靈活的腦袋，還要有絕佳的演技。如果你夠靈活、臉皮夠厚，還很能演，那麼你就離成功不遠了！

馬基維利在《君王論》中曾說：「凡是在自己心裡進行武裝的預言家都會獲勝，沒有武裝的就會毀滅。」

確實如此，真正聰明的人，總是能夠在心理層面武裝自己。善於心理作戰的人，總是根據不同的情勢，採取相應的謀略。厚黑的中心原則，就是靈活思考、因地制宜，不受「私我」干擾，保持理智做出最正確且及時的判斷。

人生戰場上的聰明人，總是根據不同的情勢靈活運用智慧，出其不意、攻其不備，為自己創造更多機會，以最小的代價獲取最大的利益。本書《三國演義厚黑講義》無疑是值得一讀再讀的範本，只要記取其中的厚黑精隨，必然能轉化成可以靈活運用的智慧謀略。

CONTENTS

出 版 序 | 你也可以靈活運用的智慧謀略　　　　　　　　　•王　照

CONTENTS

CONTENTS

CONTENTS

桃園三結義——
結交「對的」朋友

對你有利的朋友不見得一定是有錢的朋友，而是有
「潛力」的朋友。厚黑的運用，就是必須配合這樣的
遠見，否則就只能淪為目光短淺的小聰明了！

東漢末年，正當曹操積極發展農業生產、招募賢才、壯大勢力的時候，中原群雄之中，有一個人也逐漸露出了頭角，這個人就是劉備。

劉備雖然號稱漢獻帝的叔叔，但幼年生活貧苦，父親早死、母親含辛茹苦地將他撫養成人。長大後，他和母親一起編織草席、草鞋換取衣食。

漢末社會動盪，劉備不甘平庸，在中山一帶招募義兵，組織武裝部隊，就在招募隊伍時，結識了關羽和張飛。

關羽愛管閒事，路見不平就要拔刀相助。父母怕他招惹是非，就將他關在後院的空屋裡，不料他在空屋裡聽見不遠處傳來女子的哭聲，卻逃出空屋，沿途尋找傳出哭聲的地方。

原來是縣令的妻弟仗勢欺人要強娶民女。關羽得知這件事，二話不說，手提寶劍直奔縣衙，殺了縣令和他的妻弟。之後，他再也無法回家，就逃到了潼關。

關羽過了潼關，往東走來到涿郡，看見張飛開的肉店。

張飛是劉備的同鄉，屠夫出身，性情暴躁、為人直率，並且嫉惡如仇、敢做敢為，是個很有膽識的人。

張飛故意在地上放了一把屠刀，用千斤巨石壓住，說若有人能搬開石頭，取出屠刀，就用屠刀割肉送給他，分文不取。

關羽上前搬開石頭，取出屠刀，但卻不肯接受張飛贈送的肉，這讓張飛非常佩服。他們都聽說劉備正在招募義兵，便同去應募。

劉備見他倆才智出眾，武藝高強，性格剛強，行俠仗義，就和他們結拜為兄弟。劉備年齡最大，為大哥；關羽排行老二，張飛為老三。

三人在桃園中對天發誓，結為異姓兄弟，同心協力。此後，關羽和張飛果真對劉備忠心不二，成就了劉備的霸業。

生活中，每個人都不能沒有朋友。

多一個朋友就形同多一條路，在你最困難的時候，往往是好朋友幫助你；離開了朋友，你就會陷入無助之中。可以說，朋友是人生中一筆相當巨大的財富，是關鍵時刻可以倚靠的人脈大樹。

無論是在商界還是在職場，若是有幾個朋友願意眞誠地幫助你，你的事業就會一帆風順。

但朋友並不會坐在那裡等著幫你，多數時候，還需要你主動提出。

厚著臉皮主動結識朋友，用各種方式鞏固朋友之間的關係，不只是爲了意氣相投，更是爲了日後需要這些人幫助的時候，能不遇障礙的達成目的，獲得助益。

綜觀成功者，他們的背後總有幾個好朋友。這些人也無一例外，相當重視朋友關係，因此，在關鍵時刻，他們才敢把朋友當做靠山，朋友也才肯眞心地幫助他們。

所謂交朋友，並不是說隨便找幾個人，而是要交有用的「好」朋友。

要交對朋友，首先要學著睜大眼睛看清楚，才不至於將心血枉費在中看不中用的庸才身上，弄得日後收不回本。

第二，就是要有長遠的眼光，儘可能事先盤算，減少臨時抱佛腳的機會。有目標的長期感情投資，才可能放長線釣大魚。

懂得盤算長期利益，這就是厚黑學中強調的「心黑」。

只有心夠黑，才有足夠的冷靜理智，不被情感牽著鼻子走，以致做出錯誤的判斷，使自己誤入歧途。

從以下故事中，我們也可以悟出一樣的道理。

一個人要想成功，身邊就必須有能夠支持你、幫助你的「夠力」朋友。有了他們的鼎立支持和幫助，你的人生之路才可能走

得順遂。

　　年輕的維克多子承父業，接管了一家古老而知名的食品店。有一天晚上，他在店裡忙碌，突然看到店外站著一個衣衫襤褸、面黃肌瘦的流浪漢。衣著破舊的流浪漢，帽子上已經快要看不清楚的「V」字符號，正是他店裡的標記。

　　原來，流浪漢是從墨西哥來美國找工作的，但幾個月過去了，卻沒找到合適的工作。他父親年輕時也來過美國，並且在店裡買過一頂帽子。他不好意思地向維克多乞求一頓飽飯。

　　維克多是個心腸很好的人，立刻把流浪漢請進店內，讓他飽餐一頓。一會兒，兩人成了朋友，維克多還好心地給了他一筆錢，讓他回國創業。

　　過了十幾年，維克多的食品店越來越興旺，在美國已經開了幾家分店，他一直夢想著食品店能在自己的手中發展得更加壯大，讓它名揚海外。但他在海外沒有根基，要想從頭發展很困難，為此一籌莫展。

　　有一天，維克多收到從墨西哥寄來的一封信，邀請他到墨西哥，與某人共創事業。

　　原來，他正是多年前維克多曾經結識的那個流浪朋友，此人現在是墨西哥一家大公司的總經理。

　　有了他的幫助，維克多很快在墨西哥建立自己的連鎖店，迅速發展。

　　未成功前，我們需要利用朋友。但是，一個真正有遠見的人，即使是成功之後，也能懂得維繫友情的重要性。

　　短視近利的人，才會在達成目的後，將曾經幫助的的人遠遠拋在腦後。這樣的人，成就也必定有限，甚至很可能面臨一失足

成千古恨的危機。

著名的作家傑克‧倫敦，童年生活經歷可謂十分心酸。

十四歲那年，他借錢買了一艘小船，想以偷捕牡蠣維生。可惜被水上巡邏隊抓住，送往勞動營勞動懲罰。傑克好不容易逃出來，輾轉來到阿拉斯加，加入淘金的行列。

在淘金的過程中，傑克結識了不少朋友，其中有一位名叫坎里南的中年人，閱歷相當豐富，辛酸血淚史幾乎可以寫成一部厚厚的書。

傑克‧倫敦經常被他的故事感動，下定決心投入寫作，專門描寫淘金者的生活。

一八九九年，二十三歲的傑克‧倫敦出版處女作《給獵人》，接著又出版了小說集《狼之子》，贏得廣大中下階級的喜愛。傑克漸漸走上成功的道路，著作也為他帶來巨額財富。

起初，傑克並沒有忘記那些與他共患難同甘苦的工人朋友，因為正是他們的生活帶給他靈感與素材，他也經常去探望他們。

但是後來，傑克的錢越賺越多，也變得越來越看重錢財，甚至公開聲明，自己是為錢而寫作。他開始過起豪華奢侈的生活，漸漸忘記那些窮朋友的存在。

有一次，坎里南來到芝加哥探望傑克，但傑克‧倫敦卻一味忙於應酬各式各樣的聚會、酒宴和修建別墅事宜，對坎里南不理不睬。

一星期中，坎里南只見了他兩面。坎里南十分失望，頭也不回地走了，那些淘金朋友們也很快疏遠他。

離開這些朋友，就形同離開創作的源泉，傑克江郎才盡，再也寫不出一部像樣的作品。

一九一六年十一月二十二日，傑克‧倫敦忍受不了經濟和精

神狀態不佳帶來的雙重壓力，在寓所內用一把左輪手槍結束生命。

　　想要成功，不能沒有朋友，要維繫成就，更不能忘了多多「利用」朋友。

　　對你有利的朋友不見得一定是有錢的朋友，而是有「潛力」的朋友。

　　在人生到達巔峰的時刻，對朋友，特別是曾經出手幫助過你的朋友，要懷著感謝的心態，不因出身高低、財富多寡輕視。能夠不論貧富、一視同仁地對待，才是真正聰明的做法。誰知道，哪天他會不會再度助你登上另一個高峰？

　　在人脈經營上，厚黑學的運用，就是必須配合這樣的遠見，否則就只能淪為目光短淺的小聰明了！

·02·

曹操獻刀——
臨危不亂的厚黑之道

不管你是誰，不管是在面對勁敵，還是在企業面對危
機，都應該時時俱備厚黑精神，臨危不懼、不慌不
忙，才能更接近成功的目標。

統帥二十萬西涼大軍的涼州刺史董卓，乘朝野之亂進軍洛陽，廢掉少帝劉辯，改立獻帝，自封為相國。

他欺主弄權，殘暴兇狠，朝中正直的大臣們都想除掉他。此時，官居校尉的曹操，萌生殺掉董卓的念頭。

有一天，曹操向司徒王允借了一把寶刀，藏在衣服裡，前往相府赴約。

他走到小閣，見董卓坐在床上，義子呂布站在一旁服侍。

董卓生氣地質問曹操為什麼遲到，曹操以馬走不快為藉口。董卓聽後，立刻要呂布選一匹西涼好馬送給曹操。呂布領命，立刻出去選馬。

曹操覺得這是個殺他的大好時機，但又怕董卓力氣太大，自己沒有把握，因此沒敢輕易妄動，只是站在一旁等機會。

董卓身型肥胖，不能久坐，不一會兒，便側身躺臥。曹操見他躺下，迅速的從懷裡把刀抽出來想殺死他。不料，董卓從穿衣鏡內看見曹操的動作，急忙轉身喝問曹操。

這個時候，呂布正好也牽馬回來了。曹操急中生智，說自己得到了一口寶刀，想要獻給恩相董卓。

董卓接刀一看，這把刀長有盈尺，鋒利無比，果然是一口寶刀，心裡十分高興，沒責怪他。

曹操知道董卓若看透一切，立刻會殺了自己，便趁著董卓領他出閣看馬時，主動提出想要試騎。一騎上馬，立刻快馬加鞭往東南方跑去。

這時候，呂布才對董卓表明曹操的意圖，董卓連忙派人去追，不過卻為時已晚，曹操早已快馬飛奔出東門，逃得無影無蹤。

要想做個成功者，就要培養遇到危機時鎮定自若的本事。

即使在危亂中，也要保持理智，並隨機應變。不僅能穩定大局，擺脫危險，而且還能順利地實現目標。

同時，臨危不懼的領導人可以讓你的下屬對你更加敬重，從而樹立自己的威信。

反之，若在困境面前膽小怯懦，慌慌張張，喪失理智的思維，損失的不僅是事件本身，更會失去下屬對你的尊重，及自身的威信，成就不了任何大事。

一九九八年二月，號稱中國彩色電視第一品牌的長虹彩電，因銷售方式改變，在濟南遭遇尷尬的狀況，七家國有商場，竟聯合拒絕銷售長虹彩電的商品。

濟南市銀座商城、省華聯商廈、市聯商廈、百貨大樓、人民商場、大觀園商場和中興商廈等七間大商場在「罷售行動」中宣稱，長虹彩電雖有中國彩電「第一品牌」之名，但由於售後服務跟不上，商家備受顧客抱怨，屢次找長虹協調卻未果，因而被迫採取統一行動，拒售長虹彩電。

這個消息猶如晴天霹靂，媒體紛紛發文報導。彩電鉅子突然爆出品質有問題的事件，立即引起政府和廣大消費者的關注。長虹的股票受到衝擊，下跌超過百分之十。一時間，「長虹事件」令公眾極為困惑。

這是一起相當嚴重的企業危機。

這些商家聲稱長虹彩電存在嚴重的品質問題，勢必會引起消費者的觀望，導致信任破產和產品的滯銷，同時還可能為企業帶來收入銳減、形象受損，甚至倒閉等不可預料的嚴重後果。

十萬火急之中，長虹集團總部派遣一名副總經理和部分工程技術人員搭機火速趕赴濟南。

長虹公司的一行人員到達濟南後，這位副總經理迅速地做出

反應——立即聯繫有關人員舉辦記者會，聲稱將對本次拒售事件進行認真調查，同時迅速與拒絕銷售的七大商家聯絡。

剛開始，商家們多半不願意配合，幾經周折才同意坐下來談判。經過談判和調查，發現商家根本拿不出具有說服力的證據。不過，售後服務方面不配套的現象倒是事實。

副總經理與當地商界接觸，發現了一件十分有利的事：濟南市最大的商家並沒有參與這次的聯合拒售的行列。換言之，這大大降低了「聯合拒售」的代表性和廣泛性。

同時，這位副總經理與濟南市政府和新聞媒體進行大量的接觸，最後將調查結果通過媒體公佈於眾。品質事故一說由於沒有有力的證據，不能成立，關於售後服務的投訴，長虹則誠懇地表示將會加強售後服務的配套工作。

長虹集團總部更特地請出總公司所在地四川的省長，公開肯定長虹的快速成長、品牌信譽和對四川省、國家所做的貢獻。

面對公關危機，長虹公司鎮定自若，大力調查，拒售風波終於平息。

結果，不僅長虹的產品更為暢銷，股票也迅速止跌回升。

不只是企業梟雄需要懂得厚黑，即使是普通人，若能善用厚黑法則，同樣也能受益無窮。

大家都知道喜劇泰斗查理斯‧卓別林，但你清楚卓別林的第一次演出是什麼狀況嗎？

卓別林出生在英國倫敦，母親是雜劇場的喜劇演員。卓別林從小就跟隨母親進出劇場。後來，母親患了喉炎，被迫到下等戲館演出，觀眾稍有不滿意便會對她惡作劇。

一次，卓別林母親的嗓子突然啞了，台下頓時哄堂大笑，她

只好離開舞台。

　　舞台管事心急之下，便要小卓別林代替母親繼續演出，甚至不待他同意，就把他拉到舞台中心，向觀眾解釋了幾句後，把他一個人留在台上。

　　小卓別林猶豫了一下，開口唱了一首家喻戶曉的歌謠，其中有一句歌詞是：「自從他有了金條，這一來，他可變壞了……」

　　錢就像雨點般扔到台上，卓別林卻意外地停了下來，彬彬有禮地向觀眾們行了一個禮，說：「請等一下，我得先把錢撿起來，才可以接著唱下去。」

　　說罷，彎下身開始撿錢。

　　台下的觀眾們又是一陣哄堂大笑，但這次的笑聲卻不帶惡意，只是純粹覺得有趣。舞台管事立即從幕後走出來，拿一塊手帕幫卓別林撿起所有的錢。

　　卓別林有點著急，不自覺把心裡的想法說了出來：「他是不是要把錢收到自己口袋裡去？」

　　觀眾們一聽，笑得更開心了。

　　在笑聲中，小卓別林逐漸擺脫拘束，向熱情的觀眾做了幾個舞蹈動作，然後模仿母親唱了一支愛爾蘭進行曲。

　　表演在震耳欲聾的歡笑和喝彩聲中結束，觀眾們看得開心，又扔了更多的錢到台上。

　　這就是卓別林的第一次演出。他在母親失聲，受到觀眾嘲笑時鎮定自若的表現，不僅替母親化解了危機，而且也間接讓自己一步步邁向成功。

　　卓別林不正是貫徹了厚黑精神嗎？要不是他厚著臉、硬下心臨危不亂地演出，恐怕面臨更大的尷尬。

　　所謂臉厚心黑，並不只是單只字面上的意義而已。

　　臉皮夠厚，正表示一個人臨危不亂的能力夠強，即使困境當前，也能臉不紅氣不喘地應對處理。

　　心黑，代表能夠不受情感牽制，能冷靜判斷，並果決的做出最佳選擇。

　　不管你是誰，如果想要成為一個成功的人，不管是在面對勁敵，還是在企業面對危機，都應該時時具備這種厚黑精神，臨危不懼、不慌不忙，才能更接近成功的目標。

·03·

溫酒斬華雄──
速戰速決的厚黑技巧

「快、狠、準」是成功必備的要件，更是厚黑學中相當重要的訣竅。拖泥帶水、猶豫不決，只會讓機會白白流失，讓對手有機可乘。

曹操為了倒董，積極地招兵買馬，並會合袁紹、公孫瓚、孫堅等十七路兵馬，共十八路諸侯。大家公推袁紹為盟主，以長沙太守孫堅為先鋒，聯合討伐董卓。劉備、關羽和張飛也追隨公孫瓚一同前往。

到了汜水關，他們就遇上了勁敵董卓的部將華雄。

華雄勇猛善戰，第一陣交鋒就刀劈了聯軍的部將鮑忠，接著又把孫堅趕得走投無路，連頭上的帽子都成了敵人的戰利品。幸好祖茂以死相救，孫堅才得以逃脫。

雙方交戰到天明，華雄引兵上關，兵臨城下，形勢十分危急。

孫堅歷經生死交關，仍心有餘悸，袁紹也束手無策，只好召集大家，商議退敵之策，可惜眾諸侯也都想不出什麼好辦法。

袁紹忍不住嘆氣，「可惜我的大將顏良、文醜不在，不然，就不怕華雄了。」

就在這種窘迫的形勢下，探子來報，說華雄引鐵騎又來寨前挑釁，驍將俞涉、潘鳳出去迎戰，竟接連被華雄斬首。

在眾人大驚失色時，關羽主動請纓，高聲說道：「小將願意去砍下華雄的腦袋！」

袁紹認為關羽不過是個馬弓手，身分低微，恥笑道：「一個小小的馬弓手也敢口出狂言？」接著又生氣地說：「我們十八路諸侯，大將幾百員，卻要派一個馬弓手出戰，豈不讓華雄笑話？」

關羽大聲回應：「如果我砍不了華雄的腦袋，那就砍下我的腦袋。」

曹操聽了，十分欣賞，覺得他是個英雄，說道：「看這人長相與一般人不同，他們怎會知道他只是一個馬弓手？」

說完，倒了一杯熱酒，遞給關羽，「將軍喝了這杯酒，再去殺敵。」

關羽接過酒杯，並沒有喝，而是直接放到桌上說：「等我回來再喝吧！」說完，提著大刀出去了。

關羽武藝高強，面對實力雄厚的華雄，一鼓作氣，速戰速決，沒給對方任何反擊的餘地，沒一會兒就砍下華雄的腦袋。當他回到軍營時，曹操連忙拿起桌上的酒杯遞給他，杯中的酒還沒涼呢！

速戰速決，顧名思義，便是要用快速的方法結束戰局，迅速的完成任務。

隨著市場競爭的激烈和資訊高速發展，不管做什麼事，要是故意弄巧，或是只想著觀望，比別人慢半步或者貪戰，就有面臨滅亡的危險。

因此，做什麼事都不能拖泥帶水，要速戰速決才行。

領導者必須懂得速度與效率的重要。只要不給競爭對手任何迴旋的餘地，就更容易完成大事，這也是成大事者的一種手腕。

在小說《射雕英雄傳》裡，成吉思汗剿滅花剌子模的戰略就是「速戰速決」，最後大獲全勝。

不只面對對手需要效率，結盟、合作也必須講求迅速確實。

與人合作，效率不彰有時也將嚴重影響雙方的利益。如果不能滿足合作者的需求，甚至僅僅是不能滿足對方對效率的要求，就喪失合作機會，那不是相當遺憾嗎？

隨著市場競爭的日趨激烈，企業的反應若慢半步，就有面臨倒閉的危險，其中，資訊產業尤是。

戴爾公司自從進軍電腦產業後，面對市場競爭激烈，危機越來越顯而易見，戴爾公司雖然也採取與眾不同的做法，但並沒有消除潛在的危機。

　　怎麼辦？戴爾深知網際網路使資訊交換的數量和速度劇增，使組織層級扁平化，整合了全球性的運作，讓越來越多的顧客能迅速購買到自己心儀的商品。

　　隨著瀏覽器和伺服器技術逐漸提升，網路交易的需求量也與日俱增。因此，一九九四年六月，戴爾決定推出「戴爾網站」，不僅包含技術資源的資訊，還有客服郵件信箱。

　　不久，戴爾公司又在網站上推出線上組裝，只要是在「戴爾網站」訂貨的顧客，可以按自己的需要選擇一套電腦系統，自行加上或刪除不同的零組件，可以根據顧客的需求計算出這套系統的最低價格。

　　戴爾公司利用網路拓展商機，將簡化交易過程、降低交易成本和加強公司與顧客關係當成基本目標。

　　戴爾希望網路可以成為企業的關鍵，為了便於更迅速、直接地與顧客溝通，決定不僅僅將網路運用在銷售與組裝系統上，而且還把網路科技全面應用到戴爾公司的資訊系統上。

　　戴爾公司認為，網際網路遲早會像電話一樣，成為人們不可或缺的資訊工具。

　　隨著網路技術進步，電腦的價格更加低廉，網際網路逐漸走進尋常百姓家。網際網路的興起模糊傳統供應商和製造商、製造商和顧客之間的界線。它真正的潛力，在於促使傳統的「供應商—零售商—顧客」的間接關係，轉變為「供應商—顧客」的直接模式。

　　戴爾早就洞察到，網路會徹底改變行銷方式，成為戴爾公司行銷品牌的關鍵。對戴爾公司來說，網路是直接銷售的最佳延伸。

　　賈伯斯重新接管蘋果電腦不久，開始大力整頓並宣佈將採用直接銷售。同一時期，IBM和康柏也相繼宣佈要加入直接銷售的

行列。面對這些強而有力的對手，戴爾並沒有驚惶失措，而是繼續以顧客至上為宗旨。

如今，憑藉有效率的直銷模式，每週進入「戴爾網站」的人數超過了五百萬人次，每天約有兩百萬美元的銷售額。這個數字，讓所有人對戴爾公司刮目相看，同時也證明了戴爾公司的網路銷售具有非凡的影響力。

可以說，正是戴爾洞燭先機，以積極而有效率的方式對市場的變遷做出正確決定，最終贏得了市場。

一九八三年七月，位於美西的聖地牙哥市，有家多層印刷電路板製造廠因債務問題被迫出售。

該廠設備總計一百五十餘套，且狀況良好。光是一套新式鍍金線，及全套電腦自動檢測系統就價值兩百萬美元，是中國當時急需引進的技術之一。

據專家評估，該廠設備最少價值六百萬美元以上，但該廠因急需現金，只開價三百萬美元。

消息傳到中國駐舊金山領事館，領事館人員立即與正在美國訪問的中國電子工業部電腦總局負責人取得聯繫，並決定與該廠談判購買事宜。

經過兩天兩夜的討價還價，雙方終於在拍賣前一天深夜達成協議，以一百四十三‧三萬美元成交。但對方提醒中方，必須在第二天上午十點之前付款，過了十點，他們的設備就將被拍賣。

中方人員都為能以如此快的速度，達成一筆物美價廉的交易感到高興。但時已深夜，到哪裡去籌這一百四十多萬美元？

經過一夜努力，領事館人員和中國電子工業部好不容易在中國銀行紐約分行的大力支持下籌到了這筆款。

這時候已經是隔日上午十一點了。美方恪守信用，竭盡全力

拖延拍賣時間。過了一個小時又三十分鐘,款項卻還沒有送到,在上百成千人圍攻下,美方終於被迫開鑼拍賣,此時是十一點三十分。

中午十二點,中方帶著一百四十三・三萬美元匆匆趕到,但全套設備已經被人以一百九十萬美元的價格購走,中方人員只能萬般遺憾。

「快、狠、準」是成功必備的要件,更是厚黑學中相當重要的訣竅。拖泥帶水、猶豫不決,只會讓機會白白流失,讓對手有機可乘。

對於這點,想成功的你,絕對不可不知。

· 04 ·

三英戰呂布——
善用眾人的力量

厚黑的中心原則，就是靈活思考、因地制宜。能夠做
到不受「私我」干擾，才能徹底貫徹這個宗旨，做出
最正確且及時的判斷。

　　汜水關一戰，董卓折了大將華雄，一怒之下，命李傕、郭汜率眾殺了袁紹的叔叔，太傅袁隗滿門，把他們的腦袋送到汜水關前示眾，以振聲威。

　　在董卓授權下，李儒讓李傕、郭汜二將率大軍五萬，連夜趕往汜水關，只守不攻，再請董卓親率大軍十五萬，引呂布、樊稠、張濟趕赴離洛陽五十里的虎牢關駐守，只等一聲令下開始攻打盟軍。

　　在反董卓盟軍大寨中，眾諸侯接到軍情通報都非常吃驚。最後決定讓關羽在虎牢關征戰驍勇善戰的呂布，並由張飛從旁協助。

　　呂布迎戰後，接連殺死了盟軍不少大將，連素來武藝不凡的北平太守公孫瓚也無法禦敵。張飛不禁怒氣大發，衝出陣去，兩人大戰數回合，一時間難分勝負。

　　呂布一看眼前的人武藝高強，以為他就是殺死華雄的關羽。

　　不一會兒，關羽十分擔心張飛的安危，跟著衝了出去。劉備見兩個結拜兄弟合戰呂布還分不出高低，內心十分著急，也驅馬衝上陣，拿雙股劍直刺呂布後背。

　　三人齊心協力下，呂布不久就負傷逃走。劉、關、張三人見他逃跑，很不甘心，騎馬就追，可惜等追到關前，呂布早已進關多時。

　　關上，董卓早已驚慌失措，還好李儒沉著不亂，令人關上關門，亂箭齊射。劉備、關羽、張飛三人只好退兵。

　　八路大軍也殺到關前，將來不及進關的敵兵剿滅，收兵回營，共慶勝利。

　　團結就是力量。在現代社會裡，單憑個人是很難取得成就的。因此，能否善用眾人的力量，對於任何一個團隊來說都具有重要的意義。

　　每年兩次的南北遷徙，對大雁來說是個非常漫長遙遠的路程。任何一隻大雁都不可能單獨完成長達十幾天的旅程。牠們靠的，就是團隊的緊密合作。

　　在飛行的時候，大雁喜歡排成「一」字或「人」字，在這種結構中，每一隻大雁只要搧動翅膀，就可以為緊隨其後的同伴添一股向上的力量，因而，每隻大雁都能比單飛增加百分之七十的飛行效率，減少體力消耗，順利完成漫長的飛行過程。

　　拳頭傷人之所以比手指傷人或者巴掌傷人疼得多，是因為當拳頭握緊時，整隻手掌的力量都凝聚在拳心。

　　一隻腳站立很容易跌倒，所以我們有兩隻腳；一種藥物的治病效果有限，所以我們幾種藥物並用。如果一支軍隊能夠攻城掠地、百戰不殆，那它最大的特徵肯定就是團結。

　　在厚黑學法則中，強調的就是智慧、資源的多方靈活運用。如果有十個人讓你用，為何要傻傻地執著於一個人單打獨鬥？以厚黑的角度而言，這根本是傻子的行為！

　　團隊的目標，就是要創造出比個人所能創造出的總和，還要更多的價值，這也是團隊存在的意義。簡言之，就是要讓一加一等於三、等於四甚至更多。

　　在中國大陸，華為曾用三流的技術賣出了一流的市場，並跨過亞非歐，把這股營銷戰火燒到太平洋彼岸的美國。

　　華為之所以能夠成功，它的行銷人員功不可沒。

　　華為的銷售團隊高達六千餘人，佔所有員工的百分之三十三。他們大部分都是知名大學的畢業生，經過一番魔鬼訓練之後才投入到市場第一線，薪水自然也相當豐厚。

　　「華為的產品也許不是最好的，但那又怎樣？什麼是核心競爭力？選擇我而沒有選擇你，這就是核心競爭力。」華為的老闆

任正非如是說。

在華為，市場就是核心競爭力，而市場是前線衝鋒陷陣的戰士爭奪過來的。技術不是華為公司的核心競爭力，行銷才是華為公司的競爭力關鍵，而行銷核心的核心，就是華為的行銷鐵軍。

華為的行銷團隊是如何磨練出來的呢？華為打造成功的行銷團隊，主要有五招：

第一招，塑造「狼性」與「做實」企業文化；第二招，選擇良才；第三招，魔鬼培訓；第四招，制度化用人；第五招，有效激勵。

華為在第一招就著重強調團結。

任正非在《致新員工書》中寫道：「華為的企業文化，是建立在國家優良傳統文化基礎上的，這個企業文化讓全體員工團結合作，走群體奮鬥的道路。有了這個平台，你的聰明才智方能很好的發揮，並有所成就。沒有責任心、不善於合作，不能群體奮鬥的人，就等於喪失了在華為進步的機會。」

華為厭惡個人英雄主義，主張的是團隊作戰，「勝則舉杯相慶，敗則拼死相救。」

假設一支軍隊沒有團結，這支軍隊將可能在瞬間分崩離析。一個團結的軍隊，即使遇到一時的困難，也可以重新組建，在戰場上揚威。

對於企業的行銷團隊來說，道理也是如此。

山姆是一個能力非常強的人。三十六歲的時候，他被一家電子公司被挖角，轉而擔任一家新興公司的總經理。

這家公司是由兩位私人投資家和一家創投公司出資組成的。公司的經營情況非常順利，一年後，山姆擔任總裁。

在這一年中，山姆每天工作至少十四個小時。他聘任和解雇員工，推銷、開帳單、設計、哄騙、計算，有時還親赴生產線支援。當公司開始發展時，他也為自己曾在每一位員工和每一個問題上投注了心血而感到自豪。

雖然公司興旺了，可是到了第三年，山姆已經瘦得不成樣子。董事會逼他增加三位副總裁，他照辦了，但這三位副總裁都不如他能幹。

可能是潛意識在作怪，山姆總是傾向雇用有依賴性的人，這些人喜歡時時事事都向他請示，因此他的核心位置不會受到任何威脅。

這家大發利市的公司公開發行股票，並且在第四年遷入自購的廠房中。同一年，山姆和他的太太搬到工廠附近山上新建的華廈。新屋與工廠是同一個方向，他可以直接從客廳的窗外看到工廠。

山姆常常邀請部屬來家中吃飯，這種聚餐是他探問廠內情報的手段之一。山姆還是每天工作十二到十四小時，人人都認為他工作勤勤懇懇，是公司職員的楷模。

公司的發展在第五年逐漸緩慢。山姆開始責罵副總裁，要他們加倍努力。之後公司面臨一系列問題，山姆親上火線解決問題，然而，經濟的衰退使公司的情況更加糟糕。

山姆急了，在一個星期之內，他革除了兩位副總裁，跟並管理顧問簽定了一份二十萬美元的合約，請他們診斷公司的情況，並為了檢討公司每況愈下的原因，跟兩位創始人發生激烈的爭吵。

可惜，四個月之內，創辦人仍舊把手中大量的股票賣給一家專門收購其他公司的企業。六個月後，該集團又以議價方式購進散戶手中的股票。

山姆是一位英雄還是惡棍？

在企業界中，兩者之間的分界非常微妙。

他給了這個企業早期所需的。在這個過程中，他逐漸變成企業不可分割的部分。從這個方面上來講，山姆無疑是一位英雄。

但隨著企業的發展壯大，單靠山姆一個人事必躬親，是無法支撐的，正是這個原因造成公司被人收購的結果。從這個意義上來講，稱山姆為「惡棍」似乎也並不過分。

因為，他忘了，只有團隊才是最佳的生存之道。

厚黑的中心原則，就是靈活思考、因地制宜。唯有能夠做到不受「私我」干擾的人，才能徹底貫徹這個宗旨，做出最正確且及時的判斷。

任何事情剛開始，一個人多半可以面面俱到，但發展到中後期，就必須重新思考是否有更好的變通之道。

千萬要記住，不論做什麼事，都必須時時維持「厚黑式的思考」，才算掌握了成功的最大關鍵。

·05·

連環計──
步步爲營才能步步勝利

無論做任何事，都要保持高度的警惕。越是容易做的
生意，越要三思而後行。你懂得厚黑的成功之道，別
人當然也懂得厚著臉皮黑著心，對你另有所謀。

司徒王允一心想除掉董卓,為國除害。有天晚上,他在園中遇見歌妓貂蟬。

貂蟬美貌聰慧,自幼被王允收養於府中,承蒙王允的養育之恩,常思圖報。

王允設宴招待呂布,席間讓貂蟬侍奉,呂布果然貪戀貂蟬的美貌,王允趁勢,答應把貂蟬送給呂布。

呂布大喜過望,只盼王允早早送貂蟬入府。

幾天後,王允趁呂布不在,請董卓來家中赴宴。王允又喚貂蟬出來以歌舞助興,董卓也很為貂蟬傾倒,稱賞不已。王允便說要將貂蟬送給董卓,筵席散去後,即命人將貂蟬送去相府。

呂布久等貂蟬不來,便親自到王允那裡打探。王允對呂布說:「太師已經帶貂蟬回去與你完婚了。」

次日,呂布又到相府打探,董卓的婢女告訴他太師納了一位美貌的新人。呂布聞言大怒,與董卓反目成仇。

有天,董卓入朝議事,呂布執戟相隨。趁董卓與獻帝交談的機會,來到相府與貂蟬在鳳儀亭互訴衷腸。

貂蟬對呂布表明愛慕,和委身於董卓的苦衷,為明心志,作勢要跳入荷花池,呂布慌忙抱住她。這一幕,被回來尋找呂布的董卓撞上。董卓勃然大怒,搶過畫戟直刺呂布,呂布倉皇而逃。

回到後堂,貂蟬卻對董卓說自己在後園賞花,呂布突然而至,動手動腳,自己是為了不辱沒太師名聲才欲投荷池自盡,邊說邊要自刎,董卓連忙勸住。

至此,董卓和呂布兩人之間埋下了仇恨的種子。

王允見時機成熟,便請呂布到家中商議除去董卓的大計。呂布經王允勸說,情緒激動,誓殺董卓。他們奉獻帝之詔讓董卓入朝議事,進殿時董卓所帶軍兵盡被擋在門外,呂布率伏兵一擁而上,將董卓刺死於殿門之前。

　　連環計，就是使用環環相扣的多個策略，有條不紊地步向成功。為確保成功，在每一步驟或環節上，都可以用計。

　　比如在現代商戰中，經營者採用一環扣一環的公關行銷活動，或者在企業內部實現一系列的有效改革，都是廣義的連環計。

　　舉辦活動猶如下棋，只有首尾兼顧，運籌帷幄，才能成竹在胸。否則，一個不慎便滿盤皆輸。

　　相對的，只要準確地把握「度」，善於設「計」，就能夠有效迴避可能的風險。

　　運用此計，要求有遠見卓識、能高瞻遠矚，不計較暫時的得失，小心謹慎，才能步步為營。

　　一九八一年，奇異公司約有一百五十個左右的子企業，其中包括照明、電力系統和電機企業。而在主要企業中，只有燃氣渦輪機稱得上是世界性的市場領導者。然而，奇異公司的收入中，卻有三分之二來自於增長緩慢或是根本沒有增長的老事業體。

　　傑克・威爾許接手後，對奇異的現狀深感不安，開始大刀闊斧的改革。

　　保持市場高佔有率是威爾許心中最具威力的經營管理理念。高百分比的市場佔有率，會伴隨著巨額的收入和豐厚的利潤，為奇異公司帶來大量錢財，並在市場上佔據主導地位。

　　如果旗下某個企業體無法稱霸市場，不能達到前一、二名的市佔率，未達標的企業將會遭到整頓、關閉或是出售，這就是威爾許的鐵腕做法。威爾許要幫助奇異朝市場領導者的地位邁進。

　　但要重組奇異公司卻困難重重，反對者不只工人，還包括領導階層和部門負責人。

　　一九八一年十月，威爾許對奇異公司的一百二十位主管級員

工發表談話,列出改變奇異公司的議程。

他指出,奇異公司不許再有因官僚制度造成的浪費,不許再有欺騙性質的計劃和預算,不許再有逃避困難的決策。威爾許警告大家,不管哪個事業體,如果無法維持同行中第一或第二的位置,將會被踢出奇異公司。

另外,奇異公司隨時準備投資衰弱的單位,只要它們有希望茁壯成長。這是一種長期策略。

為了全力以赴迎接新挑戰,威爾許做了一個至關重要的舉措,就是對奇異公司進行重組改革。

一九八三年,威爾許不顧重重反對,決定放棄家電事業。

對於奇異公司的員工來說,這無疑是滅頂之災。小家電是奇異的標誌之一,可追溯到愛迪生時代,是美國傳統與榮耀的標誌,也是連接奇異和百萬美國消費者的關鍵。

但是,威爾許的想法卻恰恰相反,他認為出售小家電企業,代表著奇異公司將完全拋棄傳統,全力向新興行業進軍。

奇異的小家電確實為公司創造了往日的輝煌,但威爾許認為它對於奇異的未來卻無足輕重。在將來,奇異不可能指望小家電使公司壯大發展。因此,威爾許反駁:「在二十一世紀,我們是停留在烤麵包機的生產上,還是選擇生產CAT掃描器?」

「我們的實力會在諸如小家電製造這類事業中削弱,」奇異公共關係事業部的副總裁喬伊絲·赫肯漢姆說:「我們可能研製出實用的新型吹風機,但隨後,中東地區也會研發出更廉價的同類仿製品。要清楚,我們的優勢是技術,是高科技研究力量,是資金實力……我們有能力動用上億美元,花費幾年的時間研製新一代的飛機發動機、汽輪機、塑膠製品、影像醫學設備,這類業務的共同特徵是高科技、高開發成本,以及持久的生命力。」

聽完這些,奇異的員工們不再說話。

　　經過一系列連環計般的重組，老舊的奇異公司已經不存在了，取而代之的是充滿競爭力和活力的新奇異公司。

　　想成功，需要步步為營。反過來說，遊走在商場上，也得注意別人是否正打算運用這種「步步為營」的連環計謀，從你身上獲利。

　　哈默先生來到以刁鑽圓滑而得名的「三得」珠寶店內，在櫃檯前徘徊了一陣後，對老闆說：「我想買一顆鑽石，就是您放在那個鎦金盒子裡的。」

　　好眼力，一進門就識出那是個鎦金的盒子，看來來者不善，一定要認真做這筆生意了。老闆邊在心裡想，邊忙著招呼：「說實在話，這顆鑽石非常美麗。您是準備送給什麼人呢？」

　　「送情人，明天急用。」哈默先生毫不避諱地說。

　　竟然用這麼昂貴的鑽石來送情人，看來這是一位很有地位的先生啊！這下有錢可賺了！老闆心想。

　　他高興地說：「您能用這麼昂貴的禮物送給情人，必定相當有社會地位，我願意結交您這位高貴的朋友，拉個老主顧，原價一萬兩千美元，收您一萬美元就好。」

　　「那太感謝了。」哈默先生彬彬有禮地致謝，付了錢後心滿意足地走了。不一會兒，他又折返，對老闆說：「您還有沒有跟這一模一樣的鑽石？老實說，我是打算萬一我太太知道此事，就再送她一顆，好讓她閉嘴。」

　　店中肯定不會存放兩顆這麼名貴的鑽石，可是老闆又不忍心白白丟失一次撈錢的機會，在心裡很惋惜地嘀咕著。看到老闆為難的樣子，哈默先生主動把散發名貴香水的名片遞了過去，「一有消息，還請你趕緊告訴我。如果找到同樣的鑽石，我願意出一

萬三千美元。」

　　過了半個月，珠寶店來了一位滿臉愁雲的太太，她急等錢用，想賣一顆鑽石。待她把鑽石拿出來之後，珠寶商興奮得聲音都要變了，這顆鑽石就和哈默先生買走的那顆完全一樣！經過一番討價還價之後，這顆鑽石最後以一萬一千零三十美元成交。

　　珠寶商辦理完收購手續後，急忙找出哈默先生留下的名片。但電話撥過去之後才發現那根本是空號。第二天，珠寶商收到一封散發與名片一樣香水味的信，裡面有兩張單據：一張是銷出那顆鑽石的收款單，一張則是購進那顆鑽石的付款單。

　　無論做任何事、做任何決定，都一定要保持高度的警惕。越是容易做的生意，越要三思而後行。

　　你懂得厚黑的成功之道，別人當然也懂得厚著臉皮黑著心，對你另有所謀。害人之心不可有，防人之心卻不可不無啊！

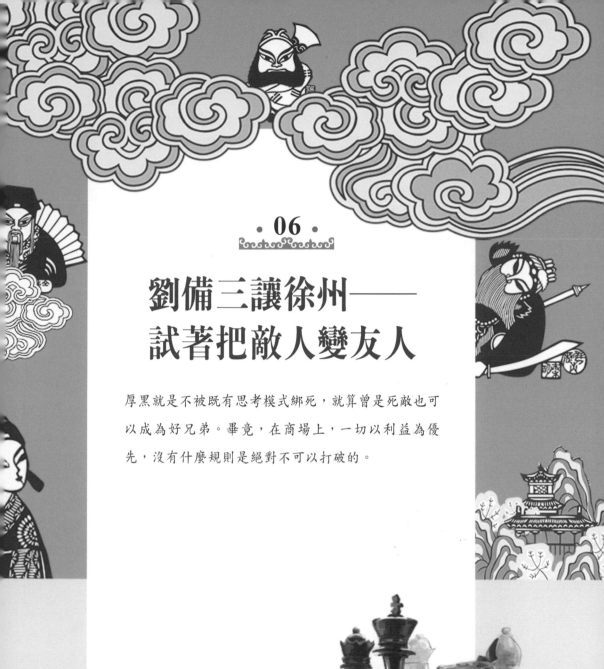

· 06 ·

劉備三讓徐州——
試著把敵人變友人

厚黑就是不被既有思考模式綁死，就算曾是死敵也可以成為好兄弟。畢竟，在商場上，一切以利益為優先，沒有什麼規則是絕對不可以打破的。

　　漢獻帝初平四年，曹操佔領兗州，派遣泰山太守應劭前往琅琊，迎接父親曹嵩及家人百餘口到兗州。途經徐州之時，徐州牧陶謙為了討好曹操，特地派張都尉護送曹嵩一行人。

　　不料，張都尉卻殺死曹嵩及其家人，席捲財物而去。於是，曹操便把帳記在陶謙身上，以為父報仇之名，發兵攻打徐州。

　　陶謙面對兵臨徐州城下的曹操大軍，自知難以抵敵，便採納別駕從事糜竺的建議，請北海相孔融、青州刺史田楷前來相救。孔融請劉備同去救陶謙，劉備遂欣然帶領關羽、張飛、趙雲和數千人馬奔赴徐州。

　　劉備率軍在徐州城下，與曹軍相遇，初戰告捷，使久被曹軍圍困的徐州暫時緩解了危機。於是，陶謙急令將劉備迎入城內，盛宴款待。

　　席間，陶謙主動提出將徐州讓給劉備，劉備急忙推辭。陶謙表白：「這是老夫推心置腹之言，絕非虛情假意。」

　　但劉備只是一味推辭，不肯接受。

　　後來，劉備寫信給曹操，希望曹操以國家大義為重，撤走圍困徐州之兵。恰好這時呂布攻破兗州，進占濮陽，威脅到曹操的後方軍隊，曹操乾脆順水推舟，賣個人情，接受劉備的建議撤兵。

　　陶謙看見曹軍撤走，徐州轉危為安，便派人請劉備、孔融、田楷等入城聚會，慶祝解圍。飲宴既畢，陶謙又提出要把徐州讓給劉備。

　　劉備說，他答應孔融前來救援徐州，是為義而來，如果佔有徐州，別人就會認為他是個不義之徒。陶謙勸說再三，見劉備終不肯受，就建議劉備暫時把軍隊駐紮在小沛，以確保徐州安全。劉備在眾人勸說下終於同意了。

　　過了不久，陶謙得了重病，便派人以商議軍務為名，把劉備

從小沛請來徐州。陶謙躺在病榻上，要求劉備接受徐州印信，劉備以他的兩個兒子可以接替位子為藉口，不肯答應。

陶謙勸說再三，劉備依舊辭讓，陶謙便以手指心而死。徐州軍民極力擁戴劉備執掌州權，關羽、張飛也再三相勸，到這個時候，劉備才同意接受徐州大權，擔任徐州牧。

任人唯賢，是說只要有德有才的人都可以充分任用。

陶謙「三讓徐州」，一方面體現了他的良苦用心，另一方面也是出於對當時情勢的清醒認識。面對曹操大軍的進攻，唯有劉備才能擔此重任。

任何一個企業想要發展，都要擁有一批具有真才實學的人才。而要想把他們納入自己公司，為自己效力，就要學會任人唯賢。

只有這樣，才能使人才真正為企業所用，解決公司人才缺乏的問題。同時，還能展示企業寬闊的胸襟，以吸引其他人才為企業效力，樹立一個廣開財路，不拘一格的企業形象。

道奇兄弟是福特公司最早的股東之一，但由於福特實行限制股東紅利的做法，引起道奇兄弟強烈不滿，對福特提起訴訟，們想透過法律的管道來維護自己的權利。

在亨利·福特與道奇兄弟的訴訟糾紛中，凱勒的朋友史蒂文生擔任道奇兄弟的辯護律師，曾對福特百般羞辱。

而凱勒自己，則在訴訟中參與案件的複審工作，做出對福特不利的判決。但人人都認為，凱勒的判決完全是就事論事，而不是出於個人的好惡。

當時，福特公司正處於起步階段，急需富有非凡才能的人。福特的態度是，只要願意加入，一切既往不咎。

訴訟完結後，亨利告訴凱勒：「你何苦仰人鼻息，屈就律師

的職位？你應該到我這來，我會歡迎你的。」

凱勒起初拒絕了福特的邀請，不過卻在一九一六年福特父子組建拖拉機公司時，接受了福特的建議，在福特父子公司中扮演著重要的角色。

在戰後的困難時期，凱勒提出了一套節約開支方案。

戰爭期間，他在管理工廠的過程中就發現，把原料在生產前引入工廠，不但佔據工廠有限的空間，而且因而積壓了上百萬的資金。

他重新擬定了減少這項開支的進貨計劃，規定原材料和零部件只能按計劃購買，運送貨物的車輛卸貨後立即將產品裝運發售。

由於工廠的貯備已經到了飽和點，存貨積壓了不下八千八百萬元的資金。為解決這個問題，凱勒開發了數條新的流水線，加快內部運轉，迅速將積壓物資變成成品源源運送出廠。

凱勒提出的上述改進措施，在一九二一年的經濟大蕭條中，對挽救福特公司起了關鍵性的作用。

如果福特當時對凱勒的所作所為耿耿於懷，不肯放開心胸任用凱勒，最終的受害者便是他自己。

一八六〇年，林肯當選美國總統後，一位名為巴恩的銀行家建議林肯不要選自大的參議員蔡司入內閣。心胸寬廣的林肯卻笑著說，要把所有認為比自己偉大的人都選入內閣。

蔡司確實是個自大且嫉妒心重的傢伙，狂熱地追求最高領導權，不料落敗於林肯，最後只當了個財政部長。但他也確實是個能人，在財政預算與宏觀調控方面很有一套。林肯一直十分器重他，並透過各種手段儘量減少與他的衝突。

後來，就連《紐約時報》的主編亨利·雷蒙頓拜訪林肯時，

還特地提醒他蔡司正積極地想得到總統的職位。

林肯以他一貫的幽默，對亨利說起了馬蠅的故事。

以前林肯在農場裡耕地時，有匹馬很懶，老是偷懶。但是有一段時間牠卻忽然跑得飛快，原來是因為有一隻很大的馬蠅叮在牠的身上。

林肯不忍心馬被咬，於是把馬蠅打落。他的兄弟卻告訴他，正是因為有了馬蠅，馬才跑得那麼快。

然後，林肯意味深長地告訴亨利：「現在正好有一隻名叫『總統慾』的馬蠅叮著蔡司，只要牠能使蔡司不停地跑，我就不準備打落牠。」

林肯就是擁有這樣善於用人的謀略，才使他成為美國史上最偉大的總統之一。

聯想集團在總裁柳傳志的領導下，從一個名不見經傳的小企業發展為中國高科技產業的一支勁旅。這與柳傳志敢於大膽用人有很大的關係。

一九八八年，楊元慶剛步出校門，進入聯想集團工作。

一九九一年，楊元慶第一次成為管理者，他意識到，指導底下的人做事，比自己埋頭苦幹更重要，因而創造了「不怕別人超越，而是讓別人逼著自己不斷攀升」的管理模式。在能力增加的同時，他所負責的CAD業績也不斷提升，柳傳志開始注意到這匹黑馬。

其實，早在一九九一年，楊元慶就提出要離開聯想出國深造的想法。柳傳志一面為楊元慶規劃出聯想的藍圖遠景，一面承諾楊元慶，再過兩年就派他出國公幹，同時還不斷用新的挑戰吸引楊元慶留下來。

又過了兩年，當楊元慶在CAD這方面再也找不到激情時，再次與柳傳志深談，希望柳傳志兌現當初挽留他時，允諾要派他出國的諾言。

那年正逢西方資訊產業大舉入侵，聯想自成立以來第一次沒有完成預定的任務。總裁柳傳志在醫院的病房裡告訴楊元慶，聯想將有重大的改變，希望他以公司為重，放棄出國的念頭。

此時，對於柳傳志和楊元慶來說，都是一個關鍵時刻。

柳傳志想啟用楊元慶，但是，啟用年輕人勢必會影響老一輩創業者的積極性。

思來想去，為了能夠讓聯想後繼有人，柳傳志冒著相當大的風險，把重擔交給楊元慶。

楊元慶究竟能不能將聯想電腦帶上高峰？

對於這個問題，柳傳志並沒有十分的把握。但柳傳志知道，楊元慶只要看準目標，就會拼命去做。同時，從楊元慶把去夏威夷的機會讓給同事，就可以看出他以工作為重的品格，總是承擔責任，很少把功勞歸於自己。

柳傳志決心說服這些共同創辦人，讓楊元慶出任集團銷售領導小組的常務副組長，主管聯想個人電腦市場戰略。

楊元慶接受了挑戰，剛出任銷售部經理，就決心對體制進行大膽改革。

首先，他將三百多人的團隊一下子精簡到一百二十五人，銷售則由原來的一百多人精簡到十八人，一下觸犯了許多人的利益。然而，他認為這樣做是對的，因此不顧別人的不滿，堅持自己的改革措施。

好一段時間，楊元慶只負責在業務上衝鋒陷陣，柳傳志則在後面幫他頂住來自過去夥伴的壓力。

到了一九九五年，楊元慶終於打了場大勝仗，讓聯想電腦躍

居中國市場三強之一。

二○○一年，聯想公司更名為聯想集團有限公司，意氣風發的楊元慶正式成為新任總裁，引領聯想步入輝煌。

除了因為他自身的努力，柳傳志任人唯賢的功勞實不可沒。

從厚黑的角度解讀，得到人才本來就不是一件容易的事，身為領導者當然要好好利用現有的人才，更要善於發現人才，大膽靈活地任用人才。

要做到這點，有些時候，對適合的人才就必須有既往不咎、不計過節，善於從多種管道尋找並破格給予重用的器度與靈活度。

「厚黑」只是「智慧」的負面講法，最終原則，就是靈活地運用戰術，不被既有現況與思考模式綁死。

換言之，只要是對企業、對自己有幫助，就算曾經是不共戴天的死敵，有一天也可以成為好兄弟與好伙伴。

畢竟，在商場上，一切以利益為優先，沒有什麼規則是絕對不可以打破的，不是嗎？

煮酒論英雄——
低調也是一種僞裝

你可以說謙虛是一種美德，但以厚黑的角度來解釋，
這就有點像是欺敵戰術的運用，能使人掉以輕心。

有一天，天氣變化不定，曹操和劉備對坐在小亭子裡，桌上擺上一盤青梅和一壺正在煮的酒，兩個人一邊聊天，一邊開懷大飲。

這時天氣發生很大的變化。曹操指天為題，以龍的變化、升隱來暗指英雄的行為，並問劉備誰是英雄。

劉備謙虛的說自己是凡夫俗子，沒什麼眼力，並不知道誰是英雄。曹操卻半開玩笑的說，他認為劉備就是英雄。

這句話正指劉備的痛處，他一直擔心曹操把自己當做對手。如果那樣的話，別說未來能不能實現政治抱負，劉備恐怕連人頭都會不保。

於是，在曹操追問他當今天下誰是英雄時，還故意裝糊塗，說河北袁紹、劉表、孫策等都是英雄，不過卻被曹操以碌碌無為之名一一否定。

曹操還說：「真正的英雄，要胸懷大志，腹有良謀，有包藏宇宙之機，吞吐天地之志者也。」並用手先指劉備，後指自己，意指天下的英雄就只有他和劉備兩人。

劉備聽後，吃了一驚，不小心把手中的筷子落在地上。這時候剛好打了一個響雷，他立刻隨機應變，從容地彎下腰，把筷子撿起來，直說自己被雷聲嚇到，筷子才掉到地上。

於是，曹操忍不住嘲笑劉備，說一個大丈夫怎麼也害怕雷聲呢？正是這番偽裝，劉備最後終於得以保命。

收斂鋒芒，就是隱藏蹤跡，比喻深藏不露。

孫子曾說：「兵者，詭道也，故能而示之不能，用而示之不用，近而示之遠，遠而示之近。」

收斂鋒芒策略正是這樣一個「詭道」，具有戰略上的隱蔽性，因而要善於隱藏自己的意圖，使對方對自己的表面情況深信不疑。

　　如果你想成就大業，就得學會收斂鋒芒，讓別人認爲你謙虛、憨厚，如此一來，對方就會放鬆警惕，覺得用不著花費太大的精力去對付一個「傻瓜」。

　　當事情明顯有利於你時，對方也會不自覺地以高姿態面對，不會與你一爭長短。

　　越是表面謙虛的人，往往越是聰明。

　　大智若愚的表現，能使你的對手不自覺地陶醉在自我感覺良好的氛圍之中。一旦對方不把你放在眼裡，那麼你就已經成功一半了！

　　福特公司是全世界首屈一指的大公司。它的發展也經歷了收斂鋒芒、深藏不露的過程。

　　在汽車大戰時，各大汽車公司紛紛推出色彩鮮艷的新型汽車，以滿足消費者的不同需求。但福特汽車卻只有黑色，他們認爲，黑色至少它比其他顏色耐髒，導致銷量一降再降。

　　汽車的生產逐步艱難，福特開始裁員，更有部分設備停工，公司內外人心浮動，連福特夫人也大惑不解，不清楚表面上無動於衷的福特到底在搞什麼名堂，而福特則是一副胸有成竹的樣子。

　　原來，躊躇滿志的福特把購來的廢船拆卸後煉鋼，大大降低了鋼鐵的成本，這樣一來，新型汽車的價格肯定能比別人壓更低。

　　一九二七年五月，福特突然宣佈舊型車停產，這是福特公司二十四年來的第一次。除了幾個負責人以外，誰也不知道福特打的是什麼算盤。

　　奇怪的是，工廠雖然停工了，但工人還是照常上班。

　　這件事引起了新聞界的好奇。兩個月後，福特突然宣佈，新

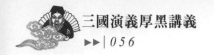

的Ａ型汽車將於十二月上市。

年底，色彩華麗、典雅輕便且價格低廉的Ａ型汽車終於上市了，一上市就引起消費者極大的興趣，進而創造了福特公司第二次輝煌的局面。

Ａ型汽車的開發，奠定了福特公司在美國汽車業的地位。面對其他汽車公司以色彩、外型為武器的攻勢，福特沒有直接應戰，而是養精蓄銳、揚長避短，抓住品質和價格這兩個環節充分準備。時機一成熟，便毫不手軟，泰然自若地坐上了汽車霸主的寶座。

鋒芒內斂、大智若愚，正是經典「厚黑精神」的表現。

你可以說謙虛是一種美德，但以厚黑的角度來解釋，這就有點像是欺敵戰術的運用，能使人掉以輕心。

成功是你的最終目的。把心思好好地放在培養實力上，不是比成天自我展示、卻忽略該充實的內涵，還要來得實際多了嗎？

· 08 ·

土山約三事——
掌握好談判的尺度

如果說準備充分是最佳的盾，那麼果決的判斷力跟絕
不手軟的魄力，便是最鋒利的長矛。一攻一守之間，
兩者唯有相互配合運用，才能讓你戰無不勝！

有一次，曹操率二十萬大軍，兵分五路殺到徐州討伐劉備。劉、張大敗，劉備單騎衝出重圍，倉皇的投奔到袁紹旗下。

關羽一人保護劉備的妻小，死守下邳城。曹操愛惜關羽是個人才，千方百計想讓關羽歸順自己，謀士程昱於是獻上一計，曹操大喜，馬上採用。

第二天，曹操令劉備手下降兵混入城去，作為內應，又讓夏侯惇引誘關羽出戰，然後詐敗而走。關羽追趕二十餘里，被曹軍兩路伏兵截住，兩邊硬弩百張，箭如飛蝗。關羽奮力突圍，直到天黑仍不得脫身，只好引兵退到一座土山上歇息，曹兵當即將土山團團圍住。

半夜時分，詐降士兵偷開城門，曹操率大軍殺入城中。關羽在山上看到城裡火光沖天，非常著急，幾次衝下山來，卻都被亂箭逼退。

天明時，曹操的部將張遼前來勸降關羽。

張遼說道：「你現在死，有三條罪。一，你和劉備結義之時，誓同生死，要是你現在戰死了，豈不負當年的盟誓？二，劉備將二位夫人託付給你，你戰死了，兩夫人無所依靠，有負劉備相託之重。其三，關兄武藝超群、兼通經史，不思和劉備共扶漢室，卻靠著匹夫之勇拼死，這算什麼義氣？不如暫且投降曹公，再打聽劉備音信，如果有他的消息再前往投靠他。這樣一來，不只可保住兩夫人，又不背桃園之約，還可留下有用之身。這三樣好處，還請關兄多多考慮。」

關羽聽了，沉吟片刻，對張遼說：「張兄既然提出三項好處，那我也有三項約定，若曹丞相能遵從，我便立即卸甲；如果曹丞相不答應，那我寧可背負這三條罪名而死。」

「第一，我只投降漢帝，不投降曹操；第二，請給兩位嫂嫂俸祿養贍；第三，一旦知道劉備的去向，不管千里萬里，我一定立

刻趕往。這三個條件要是少了其中一項，我寧可死也不投降。」

張遼聽了，急忙回報曹操。

曹操躊躇半天後，最終還是答應了。

關羽進城，向兩位嫂嫂說了土山相約之事，便一同隨曹操回到許昌。曹操果然待關羽甚厚，三日一小宴，五日一大宴，贈錦袍、送美女，還把繳獲呂布的赤兔馬送給了他，又封他為漢壽亭侯，但這些都未能動搖關羽對劉備的忠誠。後來，關羽一打聽到劉備的下落，便毫不猶豫地前去投奔。

面對威脅和利益相逼的談判，關羽不卑不亢，掌握了談判尺度，在充分保證自身利益的前提下，和張遼達成共識，先投奔曹操，保住性命，一打聽到劉備的下落，便毫不猶豫地離去，沒有蒙受一點損失。

商場如戰場，企業之間要合作，談判自然必不可少。為了共贏，或者使自己佔據有利地位，就不得不把握好談判的尺度，如此合作才能夠成功。否則，很有可能由於過分損害彼此的利益，而使談判僵裂。

總體來說，談判時需要知己——知道自己的尺度，更需要知彼——知道對方的底細，這樣才能夠以恰當的條件來完成交易，百戰不殆。

中國某公司和日本某公司就農業加工機械設備的購買進行了購銷談判。一開始，日方開口報價就是一千萬日元，比實際賣價高出許多。

日方之所以這樣做，是因為他們以前賣過這個價格。如果中方不瞭解國際行情，以此為談判的基礎，那麼日本方面就可以贏得厚利；如果中方不接受，日方也能自圓其說，有台階可下，可

說是進可攻，退可守。

由於中方事前已經摸清行情，於是單刀直入，明確指出，這個報價不能作為談判的基礎。於是日方便轉移話題，介紹產品的品質特點和優越性，採取迂迴前進的方法來支援己方的報價。不過，中方代表一眼就看穿了對方的策略，因為在談判之前，中方不僅摸清了行情，而且還研究了同類產品的有關情況。

中方代表明知故問：「不知貴國生產此種產品的公司有幾家？貴公司的產品優於A國、C國的依據是什麼？」

中方話未說完，日方就知道對方的用意了，頓時陷入答也不是、不答也不是的窘境。

一會兒，日方代表神色泰然地問助手：「這個報價是什麼時候訂的？」

助手早有準備，不加思索地回答：「以前訂的。」

日方代表笑道：「時間太久了，不知道這個價格是不是已經有了變動，我們只好回去請示總經理了。」

第二輪談判開始後，日方再次報價，這回他們同意降價一百萬日元。中方認為日方雖然退了一大步，但離中方的底價仍有一段距離。就這麼一來一往之中，最後中方開價七百五十萬。

日方當下立刻回絕，斷定這個價格不可能成交。後來，中方代表開誠佈公地表示成交的誠意，說明此價雖比日方銷往C國的價格稍低，但運往上海的運費原本就比運往C國低，日方利潤並未減少。

接著，又以中國外匯政策為由，說明這筆交易被允許使用的外匯只有這些，要增加，需要再審批，雙方也只能改日再談。另外又表示，A國、C國還等著中方的邀請。言下之意便是說，如果日方不想要這筆交易，中方也不是沒有其他路可走。

日方頓時陷入困境。眼看這情況，不是壓低價格成交，就是

談判告吹。若握手成交，利潤微薄，有失所望；告吹回國的話，這趟談判興師動眾，談判經費和精力也已經投入了不少，最後如果空手而歸，難以向公司交代。

日方掂量再三，認為成交至少可以獲利，告吹只能賠本，兩方最終以七百五十萬日元的價格簽訂合約。

一九八一年二月，哈爾濱電纜廠的代表與美國一家公司洽談購買無氧銅主機組合爐，美商報價兩百一十八萬美元，後來降到一百二十八萬美元，中方代表仍不同意，談判僵持不下。

「你們沒有誠意！」美方代表不滿地把合約書扔給中方代表，生氣地說：「我們明天回國，生意不做了。」

「不做的話，你們可以走了。」

中方代表以硬對硬，反使美方態度軟化，又把價格降到了一百一十八萬美元，並下了最後通牒，聲稱這回說什麼也不能再降了。中方代表還是不滿意，談判破裂，美方代表第二天便回國了。

綜觀洽談雙方的表現，似乎只有美方重視，中方覺得無關緊要。實際上，情況正好相反，哈爾濱電纜廠十分急需這種設備，高層還特意囑咐談判代表，談得差不多就行了，千萬別把交易搞砸。

既然上頭有妥協之意，這位代表為什麼還要特意擺出冷處理的態度呢？

因為，他堅信這筆交易絕對不會砸鍋。

果然不出他所料，沒過幾天，美方代表又回來繼續洽談。當哈爾濱代表出示美國兩年前給匈牙利的賣價竟是九十八萬美元時，美方只能尷尬地表示，那是因為現在物價上漲。

「物價上漲的指數每年大概是百分之六，怎麼也不可能是將近一百二十萬的價格呀？」

　　經過一番舌戰，這筆交易終於以一百零六萬美元成交。

　　美方之所以會做出這麼大的讓步，一方面是中方對美國以前賣出價格的瞭解，另一方面則是中方把談判的尺度掌握得很好，最終才打了這漂亮的一仗。

　　厚黑之道講求「臉皮要厚，心要黑」，將這句話應用在談判之中，可說是最好的註解了。

　　商場如戰場，心軟猶豫絕對是兵家大忌。如果事先沒有做足準備，在談判桌上就容易站不住腳，缺少支撐點以供抗衡。這樣一來，被吃得死死不過是遲早的事。

　　如果說準備充分是最佳的盾，那麼果決的判斷力跟絕不手軟的魄力，便是最鋒利的長矛。一攻一守之間，兩者唯有相互配合運用，才能讓你在商場上戰無不勝！

關羽千里走單騎——
把忠誠當成你的特色

適時表現出你的忠誠度，也是職場必備的厚黑技巧之一。你不必搖尾獻媚，最高竿的做法，就是懂得適時「厚起臉皮」，讓老闆知道你的努力與用心，從而得到晉升的機會。

關羽答應暫時歸降曹操後，曹操對待關羽可說是禮遇至極，幾乎是三日一小宴、五日一大宴，更送給他美女和無數金銀財寶。關羽卻絲毫無動於衷，讓美女服侍嫂嫂，財物也都交給嫂嫂暫時保管。

曹操還把呂布的赤兔馬送給關羽，這一回，關羽竟打破以往冷淡的態度，再三向曹操拜謝。

曹操感到很奇怪，問他為什麼以前得到東西從不感激，而今天卻再三拜謝？

關羽解釋，有了這匹千里馬以後，他便可以早一天找到他的大哥劉備。

後來，袁紹起兵攻曹，曹操領五萬兵馬迎戰。袁軍先鋒顏良勇不可擋，連斬曹將宋憲、魏續。謀士程昱遂建議曹操，改派關羽迎戰顏良，讓袁紹因怨恨關羽而殺了劉備。

關羽基於感謝曹操的照顧，便殺了袁紹的大將顏良，第二天又斬了袁紹的另一員大將文醜。

袁紹知道是劉備的二弟殺了顏良和文醜後，便叫人綁了劉備。劉備為了保命，提議由他親自寫信讓關羽歸順袁紹。袁紹聽後非常高興，便收起殺劉備的念頭。

關羽見到劉備的書信後，立即向曹操辭別，曹操故意避不見面。關羽於是將曹操過去送他的財物、美女全部留下，將自己的漢壽亭侯大印掛在營中，留給曹操一封書信，護著二位嫂嫂找劉備去了。

曹操想到以前曾答應過關羽的條件，便趕去為關羽送行。關羽怕曹操有鬼，便在馬上用刀尖將曹操贈給他的錦袍挑過來披上。曹營部將認為關羽太無禮，幾次要殺他，但都被曹操制止了。

途中，關羽殺了阻礙他的守將孔秀、洛陽太守韓福、牙將孟

坦、守將卞喜、滎陽太守王植、黃河口守將秦琪,歷經千辛萬苦,才在河北關家莊見到劉備。

兄弟相見,忍不住抱頭痛哭。

在誘惑頗多的今天,人往往很容易背叛忠誠,也正因為此,能夠守護忠誠就顯得更加珍貴。當然,堅持自己所忠,還需要足夠的鑑別能力,也需要抵抗誘惑的能力,並且還要能經得住考驗。

當你忠誠於你的企業之時,你所得到的不僅僅是企業對你更大的信任,你的所作所為還會使企圖誘惑你的人看到你的人格的力量。

一個不為誘惑所動、能夠經得住考驗的人,不僅不會失去機會,反而還能贏得機會,更贏得別人的尊重。

克里丹‧斯特是一名工程師,任職的電子公司只是一間小公司,面臨著規模較大的比利孚電子公司的壓力,處境很艱難。

有一次,在和比利孚電子公司的技術部經理共進晚餐時,這位經理要斯特把公司裡最新產品的資料給他,並答應會給很好的回報。

這個要求,讓一向溫和的斯特忍不住大發雷霆。

即使公司處境艱難,他也絕不會出賣良心做這種見不得人的事。他強調,自己不會答應對方的任何要求。令人驚訝的是,這位經理不但沒生氣,反而頗為欣賞地拍了他的肩膀。

不久,斯特的公司因經營不善而破產。他面臨失業的窘境,一時又很難找到工作,只好在家裡等待機會。

不料,沒過幾天,他突然接到比利孚公司總裁的電話,要他去一趟總裁辦公室。

斯特百思不得其解,不知道過去的對手找他是為了什麼事。

他疑惑地來到比利孚公司，出乎意料的是，比利孚公司總裁熱情地接待他，拿出一張正式聘書，想邀請斯特擔任比利孚的技術部經理。

總裁向他解釋，原來的技術部經理退休了，他向總裁提起斯特拒絕提供資料的事，並特別推薦他。比利孚總裁除了相信斯特的專業，更佩服他的正直，認為他是個值得信任的人。

後來，他也順利的憑著自己專業的技術知識和管理水準，成為一流的職業經理人。

幾年前，身為專案技術總監的祁禾負責為一家知名圖書銷售公司進行圖書資料庫開發工作，該公司投入了巨大的人力、物力和財力。當然，按照協議，公司也給予祁禾不菲的薪酬。

兩年過去了，開發工作進展得不是很順利。當技術開發進入到最終階段，祁禾卻突然提出辭呈，並表示除非公司願意為他加薪，否則便要跳槽。

實際上，公司給他的薪資已經是同行中最高的了。

不僅如此，他還以帶走開發研究的全部成果為要脅。也就是說，他用公司的錢進行研發，要拍拍屁股走人的時候，公司所有投入都將會一無所得。如果他把這些成果賣給競爭對手，那麼，公司方面的損失將會更慘重。

儘管公司還有能力支付他所要求的薪水，但認為這種不負責任、隨時都有可能出賣公司利益的人，留下他反而是更大的隱患和危機。

公司最終決定，和技術與知識相比，忠誠比責任更重要。因此，公司毫不猶豫地將祁禾開除，因為建立在忠誠之上的專業才是可以相信。

　　大多數老闆都認爲，最基本的忠誠，遠比高學歷高智慧更有用。畢竟多數時候，需要用智慧做出決策的大事很少，而需要用行動來落實的小事卻甚多。

　　此外，只有具忠誠度的員工，他們的聰明和智慧才能爲老闆所用，也只有這樣的員工，才能讓老闆心裡踏實。

　　忠誠，可說是企業的無價之寶。那些忠於老闆、忠於公司的員工，多數都是努力工作，不找任何藉口的。

　　任何一家企業的發展和壯大都得靠這些人來維持，只有員工對企業忠誠，才能發揮出團隊的力量，才能擰成一股繩，勁往一處使，推動企業走向成功。

　　反過來說，員工如果能具備忠誠的特質，通常在團體中也比較容易獲得成功。

　　你也許不知道，在企業中，適時表現出你的忠誠度，也是職場必備的厚黑技巧之一。

　　想要成爲企業的紅人，你不必強迫自己刻意對上司搖尾獻媚。最高竿的做法，就是以忠誠的態度對待工作。更重要的是，要懂得適時「厚起臉皮」，讓週遭的人，甚至老闆，清楚知道你的努力與用心。

　　久而久之，你自然能贏得公司的信賴，從而得到晉升的機會。而在這一步步前進的過程中，更能不知不覺地提高你的能力，爭取到成功的籌碼。

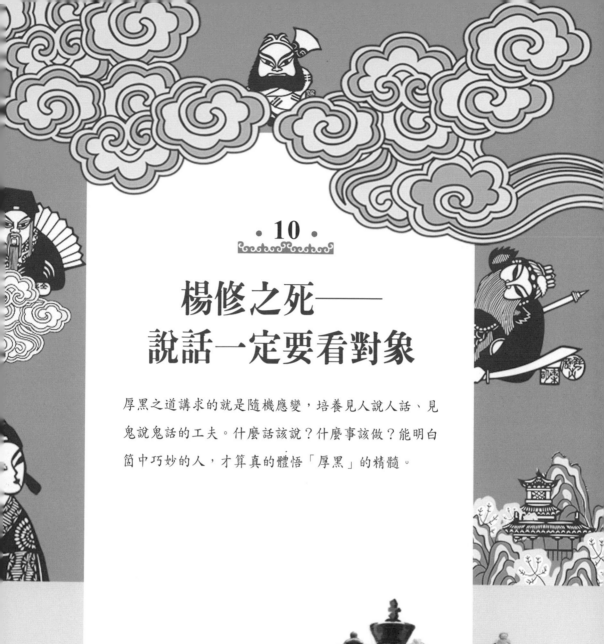

· 10 ·

楊修之死──
說話一定要看對象

厚黑之道講求的就是隨機應變，培養見人說人話、見
鬼說鬼話的工夫。什麼話該說？什麼事該做？能明白
箇中巧妙的人，才算真的體悟「厚黑」的精髓。

楊修是曹操的謀士，才思敏捷，靈巧機智。

有一次，曹操造了一座後花園。落成時，曹操前去觀看，最後只在園門上寫了一個「活」字便走了。工匠們不懂他的意思，就去請教楊修。

楊修思考片刻，便對工匠說，門內有活字，就是「闊」，丞相嫌園門造得太寬了。工匠們恍然大悟，重新建造園門。完工之後又請曹操驗收，表面上，曹操雖然稱讚楊修深明他心，但心裡相當忌諱。

某天，曹操桌上擺了一盒精美的酥餅，他嘗了一口，靈機一動，想考考周圍文臣武將的才智，就在酥盒上豎寫了「一合酥」三個字，讓使臣送給文武大臣。

大臣們面對這盒酥，百思不得其解，就向楊修請教。楊修看到盒子上的字，立刻命人把酥分給大家吃了。還說：「魏王是讓我們一人一口酥！」

曹操知道後只是淡淡一笑，但心裡卻越來越嫉妒楊修。

曹操生性多疑，深怕有人暗中謀害自己，常吩咐左右說：「我容易因夢遊而殺人，我睡著的時候，一定不要靠近我！」

有一天，曹操在帳中睡覺，故意落被於地，一位近侍取被幫他蓋上。曹操即刻拔劍把他殺了，又上床繼續睡。睡醒後，曹操假裝驚訝的問，近侍是誰殺的，大家都實話實說。曹操聽了痛哭一場，命人厚葬近侍。

曹操此舉，讓人們都以為他是因為夢遊而殺人，唯有楊修識破了他的意圖，指著近侍的屍體嘆道：「在夢中的是你，不是丞相啊！」

曹操聽後，更加厭惡楊修的自作聰明。

某日，曹操出兵漢中打算攻打劉備，卻困於斜谷界口，正要進兵，又被馬超拒守，打算收兵回朝，又恐被蜀兵恥笑，心中猶

豫不決。正巧碰上廚師送進一碗雞湯，曹操見碗中有雞肋，因而有感於懷。

正沉吟間，夏侯入帳，稟請夜間口號，曹操隨口答道：「雞肋！雞肋！」

楊修見傳「雞肋」二字，便叫隨行軍士收拾行裝，準備歸程。並說：「魏王不久將退兵，因為雞肋食之無味，棄之可惜。所以我們先收拾行裝，免得臨行慌亂。」

於是，寨中諸將，無不準備打道回府。

曹操得知後，以楊修造謠言、擾亂軍心為藉口將他斬殺，將首級懸掛在轅門外。

聰明多半是與生俱來的，擁有這種特質的人通常也很容易成為別人注目的焦點。

但往往這種表面上的光芒，讓聰明人無法成功。很多被認為聰明的人最終都是一事無成，好比楊修。

這種先天的資產就猶如水一樣，可以載舟，也可以覆舟。

每個人都希望自己聰明，聰明的人希望自己更加聰明，沒有一個人願意自己是個傻子。因為聰明的人做起事情來似乎處處順利，左右逢源，總能比一般人花更少的精力和時間做更多的事情。

因此，聰明的人往往都既自信又驕傲，儘管自己沒有感覺，但在日常生活的一舉一動中卻在在表露無疑。

卡爾森是個經營奇才。由於經營有方，他在短短的時間內就將公司發展成瑞典第一流的旅遊公司。

他出身於公務員家庭，一九六八年，從斯德哥爾摩經濟學校畢業後，到溫雷索爾旅遊公司從事市場調查。三年後，北歐航聯買下這家公司，卡爾森先後擔任市場調研部主管和公司總經理。

　　一九七八年，瑞典航空公司出現危機，無力償還債務，北歐航聯於是任用卡爾森為該公司的總經理。他調任後不久便發現問題的癥結。

　　原來，國內民航公司所訂的收費標準相當不合理，早晚高峰時間的票價和中午空閒時間的票價一樣。

　　卡爾森於是將中午班機的票價減了一半以上，以吸引前往瑞典湖區、山區的滑雪者和登山野營者，創造出乘客在機場外搭帳篷，等候機位的盛況。

　　在他擔任總經理的第一年，北歐航聯公司轉虧為盈，獲得了相當豐厚的利潤。

　　兩年後，北歐航聯出現重大營運危機，董事會馬上想到卡爾森的能力，決定讓他在總公司主管民航事務。

　　隔年，他下放權力，翻新航運機，把飛機的走道加寬，幫預訂機票的商務旅客安排較好、較舒服的座艙，並把企業分成規模不等的利潤中心。

　　短短兩年的時間，北歐航聯在大多數航運公司都虧損的情況下順利地轉虧為盈。

　　民國初年，袁世凱一心想登上皇帝的寶座。他指使黨羽大造輿論，勸進者絡繹不絕。袁世凱表面上裝得煞有介事，一有機會就向別人表白自己有多麼擁護共和、忠於民國，即使在心腹大將馮國璋面前也是如此。

　　為此，馮國璋甚至曾專程趕到北京向袁世凱探聽虛實，袁世凱一本正經的說：「國璋，你我是自己人，難道你還不懂我的心事？不妨對你明說，總統的權力和責任已經與皇帝沒有區別，除非為兒孫打算，實在沒有做皇帝的必要。我的大兒子身有殘疾，老二想做名士，我連讓他們當排長都不放心，能夠委以重任嗎？

而且，在中國歷史上，帝王家都是沒有好結果的，我也不忍心把災難留給他們啊！」

馮國璋聽後插言道，將來總統功德巍巍，推也推不掉。袁世凱一副生氣的樣子，堅定地說自己絕不幹這種傻事，並強調他有個孩子在倫敦讀書，並置了點產業，如果有人一定要逼迫他，他就出國到倫敦，從此不問國事。

馮國璋聽到袁世凱如此誠懇的表白，自然也就不再有任何疑心了。

然而，馮國璋剛剛離開袁府，袁世凱氣沖沖地回到書房，大罵馮國璋忘恩負義，連聲說：「馮國璋真是豈有此理！國璋真是豈有此理！」

馮國璋自恃跟隨老袁多年，他把袁世凱的一番假話當成肺腑之言。但紙是包不住火的，馮國璋剛回南京，如火如荼的帝制機關籌安會便公然通電成立了。他不禁跳起腳來發火說：「老頭子真會做戲！他哪裡還把我當作自己人！」從此與袁世凱分道揚鑣，真可謂「聰明反被聰明誤」。

聰明不是壞事，但若自以為聰明，總認為自己了不起，那就是禍端了。但糟糕的是，很多人總愛耍小聰明，這些人的下場往往是偷雞不成蝕把米。

該表現的時候千萬不要謙虛，但該收斂鋒芒的時候也不能得意忘形。

厚黑之道講求的就是這種隨機應變的原則，要因地制宜，培養見人說人話、見鬼說鬼話的工夫。

也就是說，即使你真有相當的聰明才智，也不是隨時都可以顯露，在當用的地方小試身手，做適當的發揮。在人前則要懂得隱藏自己的實力，以免招妒，甚至引來不必要的無妄之災。

　　總之一句話，什麼話該什麼時候說？什麼事該什麼時候做？有足夠的判斷力，能明白箇中巧妙的人，才算真的體悟「厚黑」的精髓。

　　別怕拿捏不得當，只要謹記紮紮實實做事，讓你的聰明發揮得恰到好處，別聰明過了頭，聰明反被聰明誤。

・11・

曹操分功——
適度激勵能讓人團結

有了「想要」的慾望，才有前進的動力，投資一點點
小成本，卻可換來效率、向心力、以及背後的諸多利
益，何樂而不為呢？

曹操受先秦法家思想的影響甚大，只封有功之臣和有戰之士。

曹操每攻下一座城池，繳獲的戰利品都賞賜給手下的功臣，所謂「功勞宜賞，不吝千金」。別人進貢來的禮品，他也會拿出來與僚屬分享。

在一次宴會上，曹操要用西蜀錦袍犒賞部下，但是，必須是最出色的將領才能得到這樣的獎賞，將軍們紛紛射箭比藝，比賽的結果各有千秋。為了不至讓諸將灰心，曹操破例給上陣的大將一人分了一件這樣的錦袍。

還有一次，在與猛將馬超對峙時，因馬超勇猛不減呂布，鐵騎所向無敵，曹操屢戰屢敗。

但越是在瀕臨滅絕的關頭，曹操越是願意重金懸賞，他下令，誰能斬下馬超的頭，誰就封侯；誰能保他平安，誰就得重賞，於是眾士兵都團結起來，最後成功脫險。

在平日的工作中，如果處於領導地位的人能夠採取有效措施激勵員工，這個領導者必定是成功的。只要能讓大家齊心協力，就沒有什麼是完成不了的。

優秀的領導者，有達成別人期盼的能力，也有釋放別人能力的能力。綜觀成功的領導人物，我們不難發現，他們往往都制定很好的激勵制度。

有些領導者會利用加薪的方式來團結人心，效果往往不錯。但如果激勵制度不夠完善，也可能會得到相反的效果，讓員工之間相互嫉妒，毫無團結之心。

保羅·蓋帝是一家石油公司的總裁。有一次，他派員工喬治·米勒前去勘測洛杉磯郊外的油田。

米勒是著名的優秀管理人才，對石油業很瞭解，而且勤奮、

誠實，保羅給了他十分優厚的待遇。

為了考察米勒的真正本領，保羅在米勒到職一個星期後，親自來到洛杉磯的油田視察，結果發現那裡的面貌並沒有多大的變化，仍然存在管理不善和浪費的現象。針對這些問題，蓋帝要求米勒採取改進措施。

一個月後，蓋帝又前去檢查，發現幅度還是很小，他有點生氣，嚴厲地告訴米勒：「雖然我每次在這裡待不久，卻總能發現許多地方還有減少浪費的空間，提高產量和增加利潤，而你卻整天坐在這裡無動於衷。」

米勒這才悠悠的說：「那是因為這是您的油田，油田上的一切都跟您有切身的關係，所以您才能看出所有問題。」

米勒的回答讓蓋帝相當驚訝，為此思考了好幾天。

他想，人的行動與利益是息息相關的，動機和利益一致了，就會產生動力。

據此，蓋帝再次找到米勒，並把這片油田交給他，告訴他從這天起他將不再有薪水，但卻可以獲得油田利潤的抽成，油田的工作效率越高，收入當然也就會越多。

米勒思索一番，欣然接受了。

由於油田的盈虧與米勒的收入有切身的關係，他對這裡的一切運作開始精打細算，對員工也嚴加管理。

他把多餘的人員遣散，使閒置的機械工具發揮了最大的效用，將整個油田的作業進行安排和調整，減少人力和物力的浪費。此外，他也改變過去坐在辦公室裡看報表的管理模式，每天都到工地檢查和督促。

油田的面貌一天天地改觀。兩個月後，油田的產量和利潤都有了大幅度地增長。

台塑集團推行的績效獎金制度，使該公司最重要的資源——人力，發揮了最大的效用。

這個獎勵是如何開始運用的呢？

某日，台塑總裁王永慶到他創立的明志工專，看到三個人在鋪草皮，他們停停做做，十分懈怠。問他們原因，他們說是因為工資太低，一天只有六十元，還不夠維持生計。王永慶於是問，假如增加一倍的薪水，那一天可以鋪多少草皮？三人立即回答，若真如此，他們至少可以達到三倍以上的效率。

結果證明，三人加薪後，竟達成原來三倍半的工作量。

王永慶於是想，若每人每天鋪一坪，得付六十元，付一百二十元卻可以鋪三坪，後來的工作成果甚至是原來的三‧五倍，可以產生兩百一十元的價值，雙方各有所獲，何樂而不為呢？

一九六七年，台塑總管理處選定幾個事業單位試行績效獎金制度。幾個月後，每個測試的單位產量都倍增，員工的生產力得到充分的發揮。

為了鼓勵員工積極參與，台塑進一步實行提案制度，制定了「改善提案管理辦法」。其中規定，改善提案若產生效益，可依「改善提案審查小組」核算的「預期改善月」效益的百分之一發予獎勵。

成果獎的核定則以改善後三個月的平均淨效益的百分之五計獎。除獎金之外，還制定了政獎勵計劃，以及在台塑企業雜誌上通報表揚等精神獎勵。

台塑在設定績效獎金制度的同時，還附帶有改善管理、更新設備的配套措施，使員工覺得力氣有處使。

同時，為避免少數人的懈怠行為影響部門整體效益，台塑還特別設立了團體基金。凡是懈怠者，績效獎金要扣除一部分充做該單位的公共基金，以示公平。

由於自上而下地貫徹了公平獎勵、能者多勞的精神，台塑公司人盡其能，物盡其用，最大限度地創造了高效益。

施之以小利，卻可得大於數倍的大利，這不正是生意人最樂見的嗎？

但許多公司老闆卻不見得這麼認為。對他們來說，這是不必要之浪費。

殊不知，這種浪費，卻是換來企業效率躍進的重要成本！

很多人常常誤解厚黑學，覺得那是教人如何變得「奸詐」的學問。事實上，厚黑裡存在許多靈活變化、逆向思考的邏輯。深諳人性、利用人心的變化來幫助自己、幫助企業成功，這就是厚黑學的中心思想。

「適度獎勵」就是一個很好的例子，有了「想要」的慾望，才有前進的動力，這是天生自然的人性。

不妨把它想成是一種投資。投資一點點小成本，卻可換來企業效率、向心力、以及背後帶來的諸多有形無形利益，企業主們何樂而不為呢？

· 12 ·

曹操智解白馬之圍——
聲東擊西的欺敵之術

兵不厭詐,除了實力之外,能不能善用厚黑的謀略,
以足夠狡猾的欺敵之計達成目的,也是取得勝利的重
要關鍵。

　　建安五年，袁紹準備南渡黃河進攻許都，消滅曹操。他派顏良為先鋒，率軍攻打駐在白馬的東郡太守劉延。

　　當時，袁紹已吞併公孫瓚，擁有青州、冀州、幽州、并州四州的地盤和數十萬軍隊，勢力相當強大。

　　曹操手下的將領聽說袁紹要攻打許都，都認為難以抵擋，但曹操卻不擔心。他認為袁紹雖然志向大，但才智低、外表強，實際上卻膽量小，嫉妒刻薄而缺乏威嚴，兵士多又部署不明，將領驕橫、政令不一。簡單地說，他認為袁紹是不足懼的角色。

　　不久，軍情來報，白馬已被顏良的軍隊團團圍住，情況十分危急。一旦白馬失守，形勢將極為不利，曹操決定先解白馬之圍。

　　謀士荀攸出了一個主意，讓曹操率軍去延津，聲稱要渡過黃河攻打袁紹的後方，引得袁紹分散兵力，然後再派出輕騎部隊回救白馬，讓他措手不及，這樣，顏良的軍隊就可以被攻破了。

　　曹操採納了荀攸的計謀，揮師西進延津，一路虛張聲勢。

　　袁紹聽說曹操西進渡河，果然也率大軍到延津阻截，決心與曹操決一死戰。曹操見袁紹已經中計，便率領輕騎部隊日夜兼程回救白馬。

　　曹操離白馬只有十多里時，顏良才發現中了調虎離山之計，一時驚慌失措，匆忙迎戰。

　　那時，關羽仍投降在曹軍，曹操便派他與張遼做前鋒，顏良措手不及，被關羽斬於萬馬之中。袁軍群龍無首，頓時大亂，曹軍趁勢掩殺，白馬之圍就這樣被迅速地解決了。

　　聲東擊西的重點就是以假隱真，使敵人產生錯覺，從而出其不意，攻其不備。因此，保守機密，不讓對方看出自己真正的意圖是施行此計最關鍵的一點。不然的話，對方看準時機守株待兔，

形同是送貨上門，自投羅網了。

其次是要行動迅速，讓攻擊對象措手不及，來不及尋求支援，這樣才能速戰速決，一舉成功。

約翰‧皮爾特‧摩根正是一個靠故作姿態、聲東擊西的策略起家，最終成為紐約華爾街第一號人物，甚至榮登美國經濟霸主寶座的成功者。

摩根在偶然的機會認識了克查姆，這名年輕人果敢機智，很有才華，他們談得很投機，兩人都有相見恨晚的感覺。

某天，克查姆問摩根想不想做黃金買賣，原來克查姆的父親是華爾街的投資經紀人。克查姆從父親那裡得知一點內幕消息，近期北軍傷亡慘重，政府準備出售兩百萬美元的戰爭債。

在克查姆的建議下，滿腦子想著賺錢的摩根，立即與倫敦的皮鮑狄聯繫，他們共同付款，秘密買下價值四百萬至五百萬美元的黃金。他將其中一半的黃金讓皮鮑狄匯往倫敦，另一半自己留下，並故意讓消息走漏風聲。

於是，到處都在流傳皮鮑狄買下黃金的消息，此時又恰遇查理斯敦港的北軍戰敗，黃金價格瞬間暴漲。摩根看準了時機，把手裡的黃金全部拋出，成捆成捆的鈔票頃刻間全落入了他的口袋。

靠著這種聲東擊西的厚黑策略，讓摩根著著實實地賺了一大筆錢。

一九四二年，蒙哥馬利帶領英軍，打算沿阿拉曼戰線展開反攻，一舉奪取北非戰役的最後勝利。

阿拉曼戰線是從地中海岸到廣漠，綿延四十哩的內陸沙海，英軍唯一可行的辦法是從北段進行正面攻擊。蒙哥馬利準備採用

聲東擊西的策略，讓德軍相信英軍準備從南面發動進攻，如此便更容易從北面取得勝利。

他一方面讓偽裝好的部隊以德軍察覺不到的緩慢的速度向南推進，最終從北面準備進攻；另一方面，他讓人在南部鋪設了一條長達二十哩的新水道，修建了許多戰爭庫房，地面上還停滿車輛，堆放大量的「軍用物資」，一副進攻前的忙碌景象。

阿拉曼戰線南部的備戰情況，再加上真假難辨的情報，隆美爾果真中了圈套，認為英軍可能在南部動手，把手下一半的坦克調到南部。

戰爭終於開始了，英軍從北面和南面同時發動進攻，德國不知哪邊是主攻方向，只能兩頭應付。這個時候，北面前沿陣地的裝甲部隊和大炮從北面發起猛烈的攻擊。至此，隆美爾才明白中計了，連忙重新部署兵力，但是為時已晚。英軍很快突破了德軍的阿拉曼防線，取得勝利，乘勝結束了北非戰役。

靠著聲東擊西的戰術，英軍成功地突破了阿拉曼防線。

顧名思義，聲東擊西就是讓人不明真相，分散對方的注意力，才有利於你巧妙地把自己的事做好。

這正呼應了厚黑中靈活與隨機應變的法則。

兵不厭詐，很多時候，只有靈巧運用計策，成功才能垂手可得。無論是何種競爭，除了實力之外，能不能善用厚黑的謀略，以足夠狡猾的欺敵之計達成目的，也是取得勝利的重要關鍵。

這是因為，挑戰本身就是智力的較量。在各種挑戰中，誰的智謀高，誰就能佔上風。只要掌握好策略、用的時機恰當，自然就能夠取得良好的效果。

·13·

挾天子以令諸侯——
善用手中的王牌

厚黑，就是教你怎樣「賤」得更高明、更有效。見縫
插針、靈活運用創意、偶爾還得拋下世俗規範……總
之不管好壞，千萬不要放棄任何嘗試，才能為自己爭
取到成功的機會。

公元一九六年，被董卓劫持到西安的漢獻帝，歷盡千辛萬苦，又回到了當時的首都洛陽。這時的洛陽已經是一片廢墟，破敗不堪，皇帝和百官的飲食起居甚至形同乞丐。

曹操得知這個消息後，採納謀士毛玠「奉天子以令不臣」的建議，藉口京都無糧，要送獻帝到魯陽就食，安全地把獻帝轉到自己的根據地許縣。

曹操為獻帝提供物質保障並適度尊重他，獻帝因此任命曹操為大將軍，地位高出所有文臣武將。

建安元年八月，曹操進駐洛陽，趁張楊、楊奉兵眾在外，趕跑了韓暹，接著做了三件事：殺侍中台崇、尚書馮碩等，謂「討有罪」；封董承、伏完等，謂「賞有功」；追賜射聲校尉沮俊，謂「矜死節」。然後在他人尚未有任何動作的情況下，遷帝都許，使皇帝擺脫其他勢力的控制。

他還加緊步伐翦除異己，以提高自己的權勢。

他首先向最有影響力的三公發難，罷免太尉楊彪、司空張喜，其次誅殺議郎趙彥；再次發兵征討楊奉，解除近兵之憂；最後以天子名義譴責袁紹，打擊其氣焰。另一方面，他將大將軍的位子讓給袁紹，以穩定對方的心。

這一年，曹操在官渡之戰中，以少勝多擊敗袁紹，取得北方大片的土地。之後，他相繼佔領北方州郡，建安十二年降服烏桓，大致統一了北方。

次年，曹操罷三公，置丞相、御史大夫，自封為丞相。七月南征荊州，在赤壁被孫權和劉備的聯軍擊敗，三國鼎立的局面於是形成。

處在競爭中，必須主動掌握重要的資料。

身在商場，想要立於不敗之地，必然需要佔有明顯的優勢，

這些可以是先進的核心技術、創意等等。如果能做到這一點，就有勝利的希望，否則對方稍有動作，可能就沒了必勝的把握。

就如漢獻帝劉協，他是國家最高權力的象徵，誰掌握了他，誰就能以皇帝的名義向其他地方割據政權發號施令。這個簡單的道理，真正明白的人卻不多，至少袁紹就不懂，所以錯失良機，反而讓當時實力較弱的曹操佔了先機。

最終，袁紹輸得一塌糊塗，曹操卻傲視群雄。

但如果你沒有過人的實力，不妨好好運用自己非凡的創意！手握金點子，也可以讓人飛黃騰達。

日本松下公司對新招募的三名員工進行例行的職前訓練，將他們從東京送往廣島，在那裡生活一天，按最低標準給他們每人一天的生活費兩千日元，最後誰剩的錢多，誰就能成為唯一的市場策劃者。

在日本，在旅館裡住一夜就要兩千日元，連吃飯的錢都沒有。要想有更多的錢就必須自己想辦法賺錢。但規定是，他們必須單獨生存，不能聯手合作，更不能到店家打工。

第一個人於是假扮成盲人賣藝，用五百元買了一副墨鏡，再用剩下的錢買了一把二手吉他，在廣島最繁華的地段，新幹線售票大廳外的廣場上自彈自唱，不久便賺了滿滿一盒的鈔票。

第二個人花五百元做了一個大箱子放在最繁華的廣場上，箱子上寫著：「將核子武器趕出地球——紀念廣島災難四十周年暨加快廣島建設大募捐。」然後，他用剩下的錢雇了兩個中學生做現場宣傳講演，一會兒，他的募捐箱就滿了。

第三個人先找了個小餐館，一下子就花掉了一千五元，然後鑽進一輛廢棄的豐田汽車裡美美地睡了一覺。

第一個人和第二個人賺了不少錢，卻在傍晚時分遇到了一名

佩戴胸卡和袖標、腰佩手槍的城市稽查員，所有的錢都被沒收了。

這兩個人最後是靠著四處借錢才回到公司，但已經比規定的時間晚了一天。

他們竟然在公司遇到那位稽查員。

原來，他就是那個在飯館吃飯，在廢棄車裡睡覺的第三個人。他的投資是用一百五十元做了一個袖標、一枚胸卡，花三百五十元從一個拾荒老人那兒買了一把舊玩具手槍和一些化裝用的絡腮鬍。當然，最後他還花了一千五元吃了頓飯。

最後，這個人也憑藉自己的創意，成功獲得了市場策劃的工作。

十九世紀中葉，美國人在加州發現了金礦。於是，在通往加州的各條大路上都擠滿了狂熱淘金的男男女女。他們風餐露宿，日夜兼程迫不及待地奔向那個令人嚮往的地方。

在人群中，有一個背著舊背包的小農夫，也滿懷希望的與大家一起趕路。他叫菲力浦‧亞默爾，當時才十七歲。

誰也沒注意到這個毫不起眼的年輕農夫，到了加州之後，竟做出了驚人之舉。

亞默爾是帶著黃金夢來的，和大部分人一樣，也是在到達目的地後，才知道採金礦一點都不容易。

從各地湧來的人實在太多了，一大片荒原上擠滿了採金的人，吃飯喝水成了一大問題。

一開始，亞默爾和大家一起拼命的埋頭苦幹。驕陽火辣辣地曝曬，汗水不停地流淌，山谷裡的氣候乾燥異常、水源奇缺。在這裡，水和黃金一樣貴重。

掘金人不斷地發出諸如，「誰給我一杯水，老子就給他一塊金幣」的抱怨聲。

他們真的相當需要水一事確實不假，可是在黃金的誘惑下，誰也捨不得花時間去找水。

聽了人們的牢騷，挖了半天仍一無所獲的亞默爾不由心頭一動。與其跟這麼多人一起漫無邊際地挖金子，還不如想法找些水來賣呢！有這麼多人需要水喝，這不正是一筆穩賺不賠的生意嗎？

他斷然放棄了採金工作，用挖金子的鐵鍬挖了一條水溝，把河水引進掘好的水池裡。

經過細沙的過濾，河水變得清涼可飲。

亞默爾把水分裝成壺、運到工地上賣。一群群口乾舌燥的淘金狂，爭先恐後地搶購亞默爾的冷水。

有人忍不住挖苦亞默爾：「你辛辛苦苦地跑到這裡，不趕快挖金子，卻做起賣水生意，真是個傻瓜！」

人們的嘲諷並沒有讓亞默爾放棄，依舊我行我素，繼續賣水。結果，當越來越多的人付出巨大的努力卻一無所得，不得不忍饑挨餓流落他鄉時，亞默爾已經靠賣水賺了六千美元。

隨著黃金夢的破滅，採金的人群四處走散，而亞默爾卻帶著賣水賺來的錢，風風光光的回到故鄉。

所有的事情，是不是都只有一條路可以走、只能從一個角度看待呢？

不管是曹操挾天子以令諸侯、松下公司員工的故事，還是亞默爾，三個故事都有個共通點，那就是「靈活思考」、「反向操作」。

遇到狀況的時候，太過憨直，太過固執於原則，很容易將自己困住。有的時候得需要一點點的「賤」，才能解救自己於困境之中。

厚黑，就是教你怎樣「賤」得更高明、更有效。

　　松下公司的第三位員工，正是標準的臉皮厚、心地黑。雖然有點不擇手段，但若非如此，最後成功的人也不見得會是他。

　　當然，厚黑也不只是叫你一味使壞這麼簡單而已。而是要你懂得見縫插針、靈活運用創意、偶爾還得暫時拋下世俗規範……

　　總之，不管好壞，千萬不要放棄任何嘗試，才能為自己爭取到成功的機會！

· 14 ·

三顧茅廬——
眞誠能贏得人心

厚黑的原則，就是「不拘限於原則」，只要可以達成
目的，不一定都要偷步暗來。所謂真誠，並不是要你
做個濫好人，而是告訴你深諳人性、贏得人心的重要。

官渡一戰後，劉備投奔了荊州刺史劉表。

他不甘心寄人籬下，四處尋訪能輔佐自己建功立業的賢才。司馬徽告訴他當今世上有兩位俊傑，一位是臥龍，一位是鳳雛。臥龍名叫諸葛亮，鳳雛名叫龐統。

徐庶向劉備推薦臥龍先生——諸葛亮。劉備接受了徐庶的建議，親自去請他。

劉備帶著關羽、張飛兩人，風塵僕僕地趕到臥龍崗，不料諸葛亮聽說他們要來卻故意躲開，讓他們撲了個空。

劉備並不灰心，過了些時候再次去造訪。這時正值隆冬，天氣異常寒冷，半路上忽然風雪交加。張飛打起了退堂鼓，劉備卻非常堅定，頂著風雪艱難地跋涉。沒想到，千辛萬苦趕到後，卻被告知諸葛亮和朋友一起出門去了。

一連碰了兩次壁，關羽和張飛都不太高興。

關羽認為諸葛亮只是徒有虛名，未必有真才實學，勸劉備不用去了。張飛則是主張讓自己一個人去請，如果他不來，就用繩子把他捆來。劉備把張飛責備了一頓。

劉備經過耐心地勸導，終於說服兩人。過了一段時間，劉備再次登門拜訪。

這次，諸葛亮終於在家，不巧的是他正在睡覺。劉備沒有叫醒諸葛亮，而是靜靜地站在門口，耐心等諸葛亮醒來。誰知，這一站，竟足足站了兩個時辰。

諸葛亮見劉備有志替國家做事，而且是誠懇地請他幫助，決定全力幫助劉備建立蜀漢皇朝。

從此，諸葛亮一心一意輔佐劉備，使劉備的勢力一天天壯大，成為了三分天下的一方霸主。

真誠的力量是無窮的。人與人之間交往，若能以誠相待，便

可以贏得人心，還可以解決許多事情。劉備「三顧茅廬」，正是因為真誠才打動諸葛亮。

他贏得的不僅是一個人、一件事，而且還有三分之一的天下。

史瓦茲十五歲就開始工作，後來到一家服裝公司做事。十九歲時，他拿出僅有的三千美元，與人合夥開了一家小型服飾廠。

他認為必須聘請一個好的設計師，設計出別人沒有的新產品，才能在服裝界出人頭地。為此，他終日茶飯無心，精神恍惚。

有一天，他到一家服飾店推銷成衣，三十來歲的老闆看了一眼他的衣服便說：「我敢打賭，你公司裡頭一定沒有設計師。」

只這麼一句話，便說中了他的心事。

老闆隨後從店裡請出一位身穿藍色衣服的少婦，並說：「你看看，她這件衣服比起你們的如何？」

「好看多了！」史瓦茲不禁脫口讚道。

「這是我特地為我太太設計的。」老闆驕傲地說，並不屑地撇了撇嘴角：「我的店雖然小，但我也沒把你們這些大公司放在眼裡。你們這些當老闆的除了固執、狹隘，有幾個懂得設計？根本連美感細胞都沒有！」

這種近乎侮辱的話，史瓦茲卻毫不在意，仍然笑容可掬地問：「你為什麼不到大公司一展所長呢？」

這位老闆竟然開始發洩心中的不滿，「我就算餓死，也不要再幫別人做事了！我待過三家公司，他們明明什麼都不懂，卻硬說我固執，實在讓人失望透頂！」

史瓦茲覺得，一個如此倔強自信、高傲暴躁的人，或許真的有相當的才能。他決心聘請他到自己的公司擔任設計師，卻被斷然拒絕了。

史瓦茲於是找到他原先的老闆斯特拉登，側面打探此人的基本背景和為人，以「三顧茅廬」的精神幾次三番地登門拜訪，誠心相邀。

最終，對方還是被感動了，答應擔任史瓦茲的設計師。在他的建議下，史瓦茲領先同業，率先採用人造絲做衣料，因而佔盡了先機。從此，史瓦茲服裝公司的業務扶搖直上，不到十年，就成了令同行側目的佼佼者。

一直以來，古羅馬人都想攻佔法利斯坎人的城市，但是歷經多次戰爭，總是以失敗告終。負責圍城的羅馬大將卡米魯斯只能在城外紮營，慢慢等待成功的機會。

有一天，卡米魯斯突然看見一名男子帶著一群孩子走向他。

這名男子是法利斯坎的教師，這些孩子則是城內貴族的子女。教師領著他們，藉口要帶孩子外出散步，卻直接走向羅馬人，意圖奉獻他們作為人質，以便討好敵人卡米魯斯。

令人驚訝的是，卡米魯斯並沒有把孩子當作人質，而是將這名教師的衣服脫去，把他的手反綁在背後，給這群孩子一人一根棍子，讓他們一路鞭打教師回到城裡。

這個舉動立刻感動了法利斯坎人。

卡米魯斯如果真的利用孩子當作人質，可以預見，多數市民都將投票贊成投降。就算法利斯坎人堅持繼續戰爭，也無法做到團結一心了。

但卡米魯斯拒絕利用這種手段瓦解法利斯坎人的抵抗，反倒法利斯坎人先投降。

卡米魯斯的策略是正確的。這麼做並不會為他帶來任何損失，光靠人質並不能讓戰爭終結，至少不會立即停戰。但藉由真誠的善行，卻有可能逆轉局勢。

他不僅贏得了敵人對他的信任與敬重，而且還解除了他們的戒心，贏得了他們的真心。

真誠的人性，往往可以擊潰最頑強的敵手，侵蝕敵人反擊的意志。在現代社會裡，真誠的態度更是必不可少。

人與人的交往靠的是真誠。因為真誠，有能力的人願意鼎力相助，輔助你成功。在你跌倒的時候，有人願意無償資助你，讓你重新站起來。

因為真誠是無價的，大家都喜歡真誠的人。

真誠待人能夠讓別人敬重你。反之，你失去的不僅是人心，還有尊敬。若想成就一番大事業，必然困難重重。

說了這麼多真誠的好處，但「真誠」二字，與「厚黑」似乎是背道而馳。

事實上，厚黑的原則，就是「不拘限於原則」，只要可以達成目的，不一定都要偷步暗來。

所謂真誠，並不是要你做個濫好人，而是告訴你深諳人性、贏得人心的重要。不管是劉備三顧茅廬，亦或是卡米魯斯光明磊落的舉動，都是最好的例證。

透過清楚的理解人性、掌握人性，你才能得到他人的信任，進而靠這些人的幫助，取得你想要的成功。

· 15 ·

隆中對——
有遠見才能做出對的決定

如果能有計劃地培養這種「預見」的能力，將有助你
在職場上無往不利。畢竟，再怎麼懂得運用厚黑之道，
要是沒有遠見作為基礎，被淘汰也不過是遲早的事。

　　劉備三顧茅廬後，諸葛亮終於被他的真誠感動，在自己的草屋裡接待了劉備。

　　劉備說：「漢朝天下崩潰，奸臣竊取了政權，皇上逃難出奔。我沒有估量自己的德行，衡量自己的力量，只是想要在天下伸張大義，但是由於智謀淺短，終於因此失敗，造成了今天這個局面。但是我的志向還未罷休，您說我該採取怎樣的計策呢？」

　　諸葛亮看劉備如此虛心，也就推心置腹地跟他談了自己的主張：「現在曹操已經戰勝袁紹，擁有了百萬兵力，又挾持天子發號施令。因此就不能單憑武力和他爭勝負了。孫權佔據江東一帶，已經三代。江東地勢險要，現在百姓都歸附於他，還有一批有才能的人為他效力。看來，你只能和他聯手，暫時不能打他的主意。」

　　接著，諸葛亮分析了荊州和益州的形勢，他認為荊州是一個軍事要地，但憑劉表是守不住這裡的。益州土地肥沃廣闊，向來被稱為「天府之國」，那裡的主人劉璋也是個懦弱無能的人，大家都對他不滿意。

　　最後，諸葛亮說：「將軍是皇室的後代，天下聞名，如果您能佔領荊、益兩州，對外聯合孫權，對內整頓內政。一旦有機會，就可以從荊州、益州兩路進軍，攻擊曹操。到那時，有誰不歡迎將軍呢？如果能夠這樣的話，不僅可以成就功業，漢室也有望恢復了。」

　　劉備聽了諸葛亮這番有遠見且精闢透徹的分析，思緒豁然開朗，覺得諸葛亮確實是個難得的人才，懇切地請他出山，助他完成復興漢室的大業。諸葛亮遂出山輔佐劉備。

　　後來，人們把這番談話稱為「隆中對」。

　　要想事業能夠長遠的發展，就必須要提高預見未來的能力，

也就是說要有遠見卓識。這樣，才能有努力的方向和明確的目標，才能化被動為主動。

　　川普從小立志經商，在福德姆大學待了兩年後，轉到華頓金融學校攻讀商業。從那時起，他就嚮往曼哈頓，這裡是紐約的首富之區，許多跨國大公司和大銀行都在該區的華爾街上。

　　川普大學畢業後第三年，在曼哈頓租了一間公寓。

　　這次搬遷，川普對曼哈頓比以前熟悉得多了。閒暇之餘，川普也會上街看看。他逛街的方式很特別，刻意瞭解這裡所有的房地產。

　　川普年輕、野心勃勃、精力充沛，想在這裡大顯身手。搬到曼哈頓以後，他認識了許多人，不僅開闊了視野，而且瞭解了許多房地產知識。

　　兩年後，曼哈頓的情況突然變得很糟。受到通貨膨脹的影響，建築費用猛漲。川普雖然也擔心紐約市的未來，但還不至於徹夜不眠。

　　他是個樂觀主義者，雖說看到該市的困境，卻也表示這正是大顯身手的良機。他認為，曼哈頓是最佳的住處，是世界的中心。在短期內，不管有什麼困難，事情一定可以徹底的改觀，不可能有哪個城市可以取代紐約。

　　幾年來，一直吸引川普目光的，是哈迪遜河畔一個荒廢的龐大鐵路廣場。每次沿西岸河濱的高速公路開車過來，他總是忍不住設想，那裡到底能建些什麼。

　　在該市處於財政危機的當時，他還沒有心思考慮開發這大約一百英畝的龐大地產。

　　那時候，人們認為西岸河濱是個危險的地方。儘管如此，川普心底還是認為，要讓它全面改觀並非難事，人們發現它的價值

只是時間問題。

一九七三年，川普在報紙的破產廣告欄中，偶然看到一則啟事，有個叫維克多的人負責出售廢棄廣場的資產。他立刻打給維克多，說明自己想買六十街的廣場。

廣場的事雖然最終沒有順利成交，但維克多提供了另一個資訊：康莫多爾飯店由於管理不善，已經虧損多年。川普認為，成千上萬的人每天上下班都從這裡的地鐵站上上下下，這絕對是個一流的好地段。

幾經周折，川普終於買下康莫多爾飯店。他開始投資裝修，並將其更名為海特大飯店。裝修後的飯店富麗堂皇，樓面用華麗的褐色大理石鋪成，柱子和欄杆是精緻典雅的黃銅，樓頂建了一個玻璃餐廳。

它的獨具特色的門廊成了紐約人人都想參觀的地方。

海特大飯店於一九八○年九月開張後，顧客絡繹不絕，總利潤一年就超過三千萬美元。川普一人，便擁有飯店百分之五十的股權。

川普沒有就此滿足，他的下一個目標，正是曼哈頓繁華地段的一幢十一層高的大樓。如果在這個地點建一座摩天大樓，它將會成為紐約市獨一無二、最大的不動產。

透過調查，川普知道那棟大樓屬於邦威特商店，樓下的地皮屬於一個名叫傑克的房地產商。經過幾回合的談判，川普最終以兩千五百萬美元買下大樓建物和所屬的土地。

川普決定把舊大樓拆除，建一座高樓大廈，命名為川普大廈。

川普大廈建造得富麗堂皇又新穎獨特。門廊中沿東牆下來的瀑布足足有八十呎，造價兩百萬美元。從三十樓到六十八層是公寓，站在屋裡就可以看到北面的中央公園，東面的九特河，南面

的自由女神像，西面的哈迪遜河。大樓獨具特色的鋸齒形設計，使所有的單位主要房間都至少可以看到兩面的景色。

毋庸諱言，川普大廈是有錢人才住得起的地方，每單位售價從一百萬美元到五百萬美元不等。

川普大張旗鼓進行宣傳，吸引許多好萊塢明星和名人爭相購房。房子還沒竣工就賣出了一大半，滾滾鈔票進了川普的腰包。

川普大廈共有住宅兩百六十三套，他自己預留十多套不賣，自家住進了最頂層，他和妻子花了近兩年的時間改建。川普自豪地說，世界上沒有任何一間公寓可以與之相比。

但他也沒有就此停步，又投資渡假村、遊樂場，成立了海灣柑西部娛樂集團等。他的妻子伊凡娜也非常出色，她親自掌管的川普城堡，是大西洋城十二家遊樂場中收入最多，也是城中最盈利的一家飯店，僅三個月就賺進七千六百八十萬美元。川普還生產了用自己名字命名的凱迪拉克轎車。

川普在短短的十幾年裡，從一個毛頭小夥子成了一個聲名遠揚的大富翁。可以說，他的遠見卓識，為他崛起於房地產業提供了保證。

哈默崛起於美國總統羅斯福為挽救美國史上最嚴重的經濟危機，而採取新政的時候。他預見自己事業發展的大好時機可能來臨，因為新政一旦得勢，禁酒令就會被廢除。

一九一九年，美國國會通過《沃爾斯德台案》，規定不許釀造和銷售酒精含量超過百分之五的飲料。哈默看著羅斯福的新政策一個接一個出爐，認定羅斯福一定會取消已經不合時宜的禁酒令。而一旦禁酒令被解除，全美國對啤酒和威士忌酒的需求量將會出現高潮。然而當時的市場上卻沒有釀酒用的酒桶，尤其是白橡木製成的酒桶。

事不宜遲，哈默就從俄國訂購了幾船的桶板。當貨物運到美國時，哈默卻發現俄國人搞錯了，他們運來的不是成型的桶板，而是一塊塊晾乾的白橡木板。

等不及追究誰的責任，哈默馬上就近租用紐約船塢公司的一個碼頭，修建起一座臨時的桶板加工廠，日夜不停地加工這些白像木板。

正如哈默所料，禁酒令很快解除了。當禁酒令解除時，哈默的酒桶也正從生產線上下線，這些酒桶很快被各大酒廠搶購一空，因為供不應求，哈默又在紐澤西建立了一個現代化酒桶加工廠。大把的鈔票，源源不斷地流到哈默的口袋裡。

哈默為什麼能把公司的規模越做越大呢？

是他擁有特別雄厚的資金嗎？

不是！是他有什麼後台支持他嗎？

也不是！他唯一具有的就是預見未來市場機會的能力，使他的事業更上一層，最終成為美國巨富。

隨著鋼鐵工業國有化，英國GKN公司失去了以往的主導位置。

圍繞著GKN的前途問題，公司的高層管理人員爭論不休。霍爾茲沃恩當時在GKN公司擔任會計師，有幸參與了這場爭論。在經過縝密的調查後，霍爾茲沃恩謹慎地向GKN公司董事會呈交了一份有關公司發展前途的戰略報告。

霍爾茲沃恩認為，GKN公司不應該再生產產品。但是，GKN公司剛剛創立一家年產六百萬噸鋼管的鋼管廠，如果採納霍爾茲沃恩的建議，鋼管廠將被迫關廠，所有的投資都將化為烏有。再者，霍爾茲沃恩不過是一名微不足道的會計師。在權衡利弊之後，GKN公司的決策高層放棄了霍爾茲沃恩的建議。

接下來的進展完全印證了霍爾茲沃恩的預測。僅僅過了兩年，GKN公司的鋼管廠便陷入困境，面臨停產的命運。這時，董事會的董事們想起了霍爾茲沃恩，於是破格把他提升為公司的副總裁兼常務經理。

霍爾茲沃恩上任後就著手公司的轉型，他先是買下比爾菲爾德公司，將該公司生產的新產品投入歐洲和北美市場，又開發出廉價的運輸機，暢銷全世界。不久，霍爾茲沃恩又研製出新型戰鬥機「勇士」號，一舉佔領了英國軍用機生產市場，為GKN公司帶來了巨大的利潤。

一九八〇年，霍爾茲沃恩因業績非凡被公司任命為董事長。此時，英國的鋼鐵工業陷入了一團糟的窘境，GKN公司也受到衝擊，面臨新的嚴峻考驗。

在新的形勢下，同行們都認為這都是因為工人罷工造成的。霍爾茲沃恩調集各方面的資料進行研究後，卻提出了一個完全不同的觀點：這是英國工業衰退的先兆，更大的衰敗即將來臨。

霍爾茲沃恩毫不猶豫地採取措施改變公司的產業結構，先後賣掉了公司在澳洲的鋼鐵業股權和英國的傳統機械公司，同時在法國、美國和英國本土創辦了五家新公司。

對於霍爾茲沃恩的大膽舉措，許多董事都提出了異議，但霍爾茲沃恩不為所動，堅持我行我素。不久，英國工業的全面衰敗果然來臨，GKN公司因早有準備，損失降到了最低，其他公司則紛紛倒閉。

如今，GKN公司已成為全世界開發複雜新型機械產品、應用最新技術的領導者，霍爾茲沃恩也成為舉世公認的企業戰略家，是英國工業界的驕傲。

五〇年代，美國福特公司因為沒有正確的遠見，才使一個雄

心勃勃的企業遭到嚴重的慘敗。

一九五七年九月，福特公司推出了Edsel汽車，作為隔年中價位汽車市場的主打車款。總裁福特二世宣稱，保守估計，Edsel可以在五八年佔有汽車市場的百分之三點三至百分之三點五。

出人意料的是，買車的顧客竟寥寥無幾。為了扭轉頹勢，一九五八年十一月，福特公司再次推出Edsel第二代。該汽車的廣告採用了黑白色調，呈現一輛汽車正在鄉間公路上奔馳的場景。

在整體廣告和促銷活動中，福特公司投入了五千萬美元。但新車上市之後，情況依舊與福特二世原先的期望相去甚遠。

一九五九年十月中旬，不甘認輸的福特二世孤注一擲，又推出了Edsel第三代，但這回卻猶如泥牛入海，渺無聲息。無奈之下，又過了一個月，Edsel三個系列宣布全面停產，數億美元的投資也無法收回。

一個經過詳細計劃，投入大量人力、物力、財力，且有數十年生產行銷經驗為後盾的戰略竟然落得如此下場，這的確令人始料不及。

追究最根本的原因，是領導人福特二世對經濟環境、競爭者、消費者的分析太過循規蹈矩，缺乏長遠的目光，因而在戰略的制定上出現了致命的失誤。

現在回頭看，一九五八年正是美國經濟由景氣呈現衰落現象之時，汽車中價位市場受到重創。Edsel醞釀之時又比此時更早了十年，當年中價位市場正被看好，但等到車款問世時，這個市場卻已經失利了。

Edsel苦心孤詣，卻忽視行銷研究成果。

Edsel的研究人員曾經做了大量細緻而艱苦的努力，訪問了四個大都市，一千六百名汽車買主，得出了新汽車所需的良好形象。但在實際應用時，卻沒有把它轉變為實質的產品特徵。

　　福特二世試圖以大馬力、高速度迎合那些活潑、時髦的年輕人。不料，美國交通安全局卻把交通事故歸咎於此，禁止汽車以馬力、速度做廣告，恰恰擊中Edsel的要害，打亂了福特公司準備以這兩方面為優勢大作文章的行銷計劃。

　　正是這些本可預防的錯誤，使福特公司受到重創，難以再現昔日汽車霸主的形象，只能在奇異汽車後面苦苦追趕。

　　一個人若是對未來的事物具有前瞻性、有正確的眼光，事業多半可以成功，不僅可以賺大錢，還可以名垂青史。

　　韓愈曾經說過：「凡事豫則立，不豫則廢。」這裡的「豫」字就可以理解為預見。

　　要有超常的敏銳感，並能及時根據市場的變化做出預見，就必須比一般人看得早一點、想得深一些。

　　一個高瞻遠矚的人，看待事情遠比一般人更全面、也更透徹。這也是深諳厚黑的人不可或缺的條件。

　　因為看得更透徹，所以能更靈活運用戰略、計策，知道自己需要的是什麼，不至盲目跟著別人走。

　　當然，這種先見之明，並非來自一時的靈感，而是來自對客觀規律的正確認識和把握。透過細緻的觀察，在偶然事件中發現規律，透過現象窺探本質，確保正確的遠見，使這些想法不致流於妄測、超前不致變為莽撞。

　　如果能好好的、有計劃地培養這種「預見」的能力，將有助你在職場上無往不利。畢竟，再怎麼懂得運用厚黑之道生存，要是摸不清楚情勢、沒有遠見作為基礎，那麼被淘汰也不過是遲早的事。

· 16 ·

劉備借荊州——
佔盡先機能助你成功

培養綜觀全局的智慧，正是厚黑最強調的要點之一。
如果沒有宏觀的智慧，那麼即使得利也只是一時的
「近利」，長遠下來，未必能擁有真正的優勢。

公元二〇八年，周瑜率領大軍在赤壁擊敗曹操後，又逆江西進，佔領沿江各重要城市，包圍江陵，與曹仁展開激烈的爭奪戰。劉備趁江陵大戰，周瑜無暇南顧之機，率領軍隊南下搶佔四郡。

第二年，曹仁放棄江陵北撤，周瑜佔領戰略要地江陵。孫權任命周瑜為代理南郡太守治理江陵，程普為代理江夏太守治理沙羨。

劉琦死後，劉備當了荊州牧。周瑜將南郡江南岸的地盤分給劉備，劉備在油口建立公安城，作為根據地。

孫權把妹妹嫁給劉備後，劉備冒著生命危險見了孫權，要求「借」荊州。周瑜建議趁此機會扣留劉備，以絕後患。

但是不久，周瑜就得病死了，孫權便命令程普代理南郡太守，魯肅接管周瑜的部隊，負責整個荊州地區。和劉備關係比較好的魯肅接任後，就勸孫權將荊州借給劉備，孫權也同意了。

荊州的地理位置非常好，諸葛亮就曾說：「荊州北據漢沔，利盡南海，東連吳會，西通巴蜀，此用武之國也。」

荊州名士蒯越也建議劉表：「南據江陵，北守襄陽，荊州八郡可傳檄而定。」

果然，劉備得到荊州以後，正如周瑜所說：「如同蛟龍得雲雨，終非池中物也。」他憑藉荊州為基地，西進佔據益州，北上不斷攻擊襄陽，最終得到了益州。

任何一家公司，想要生存或者發展壯大，都必須充分搶佔市場，否則就是故步自封，無法發展。

一家新的公司想在市場上謀得一席之地，僅有雄厚的資金是遠遠不夠的。市佔率的大與小並不取決——至少不完全取決於公司的靜態實力。在商場上，大船被小船撞翻的事情屢屢發生，這

個簡單的道理，連報童都知道。

有個地方，有兩個報童在賣同一份報紙，兩人是競爭對手。

第一個報童很勤奮，每天沿街叫賣，嗓門也響亮，但每天賣出的報紙並不是很多，而且還有減少的趨勢。

第二個報童除了沿街叫賣外，他每天還堅持去某些固定場合分發報紙給大家，過一會再來收錢。這些地方越跑越熟，賣出去的報紙也就越來越多，雖然也有些損耗，但都不大。

漸漸地，第二個報童的報紙賣得更多了，而第一個報童能賣出去的報紙卻越來越少，不得不另謀生路。

在同一個區域內，顧客是有限的，因此必須設法搶佔市場。一旦這些人買了我的，就不會買他的。只要其中一方先佔領了市場，競爭對手的市場就會變小。這對對手的利潤和信心都會構成打擊。

當然，搶佔市場也不能盲目進行，否則很有可能會導致血本無歸。

很多人都知道FDT郵購公司，但它是怎樣成功的呢？

FDT創始人出於加州薩克拉門，從小就家境貧困，因而到處打工，省吃儉用。二十五歲的時候，他利用自己省吃儉用存下來的錢，從事家庭用品的通信販賣。

不同於其他商人，他在一流的婦女雜誌上刊載「一美元商品」廣告，所登的都是知名大廠的產品，而且都是相當實用的日用品。

這些商品中，其中僅有百分之二十的商品進貨價格超出一美元，而百分之六十的進貨價都剛好是一美元。所以廣告一出來，

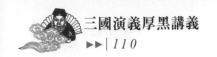
訂貨單就像雪片般飛來，讓他忙得喘不過氣。

很多人都認為，他這樣必然虧本，公司總有一天會倒閉。其實，這句話只說對了一半。

他的做法並不需要資金，客戶匯款來，他就用收來的錢去買貨。當然，匯款越多，他的虧損就越多。但聰明的他會在寄送商品給顧客時，附上二十種三美元以上、一百美元以下的商品目錄和圖解說明，然後再附一張空白匯款單。

這樣，雖然一美元商品會帶來虧損，但他以小金額商品的虧損，換來顧客的安全感和信用，顧客因而願意在解除疑慮的心情下，向他購買價格較高的產品。

就這樣，價格高的商品不僅可以彌補一美元商品的虧損，而且還可以讓他獲得很大的利潤，並佔據一定的市場。

這種以搶佔市場為主要目的做法，出現了驚人的效果。公司的業績就像滾雪球一樣越做越大，一年後，他便開設了FDT郵購公司。

威爾許執掌奇異之後敏銳地發現，企業的環境正在改變，奇異的競爭對手日益非美國化。換句話說，奇異將有許多機會發展海外市場。

二十世紀八〇年代初期，大多數人的眼光都只看見本國，沒有全球化經營的觀念。唯獨威爾許，以敏銳的眼光發現改革勢在必行，否則將坐失良機。他將全球化視作奇異面臨的巨大機遇，毫不猶豫地採取行動，以適應日益明朗的全球化經濟。

一九八七年，威爾許的全球化革命開始了。他會見法國最大家電公司湯姆森的總裁阿蘭‧戈梅斯，兩人達成了一項符合威爾許策略思想演進的交易：奇異同意將每年三十億營業額的消費性電子部門，和湯姆森公司的醫療顯影單位交換。

　　奇異是美國電視機和錄影機的第一大廠商，而湯姆森每年在歐洲市場的X光機及其他醫療診斷器材的銷售額約為七‧五億美元。此外，湯姆森需要付八億美元給奇異。

　　這是威爾許職業生涯中最成功的一次交易。奇異以帳面價值出售了經營困難的電視機企業。儘管它擁有美國百分之二十五的市場，在世界排名第四，但事實上它已經無利可圖了。

　　當時，湯姆森公司也經營不善，但是它擁有歐洲醫療顯影設備市場百分之十的佔有率。奇異醫療設備系統的管理者認為，這是確保長期繁榮必須付出的代價，因為奇異在美國醫療顯影市場的領導地位，正受到西門子和東芝的威脅。

　　全世界有一半左右的CT掃描器、X光機和其他診斷設備在美國以外銷售，奇異的醫療設備系統在海外的市場銷售中只佔總營業額的百分之十，它只有一個主要的海外分支機構。但在和湯姆森的交易中，威爾許解決了這個問題。

　　他認為，創造機會最好方式的就是打擊競爭者，這是最重要的原則。

　　八○年代中期，奇異就是依據這個策略，放棄本國的經營環境。威爾許宣佈：「對我們而言，重要的原則必須應用在世界市場上。企業之間在國際市場上弱肉強食，僅擁有本國市場的領導地位，不再是成功的保證。」

　　「在九○年代，全球化是理所當然的事。企業成功的規則只有一個──國際市場佔有率。在某一個國家成功，還不足以保證企業能夠存活。獲勝的公司，那些能夠掌握命運的公司，全靠開發全球市場獲勝。」

　　事實證明，奇異的發展道路沒有錯。

　　一九八三年，菲弗爾出任康柏公司的副總裁，他不負眾望，

在國際業務的開拓上大展拳腳，在歐洲市場的爭奪大戰中硬是拿下次席，為康柏贏得了聲譽。美國《商業週刊》形容他是「康柏歐洲動力源泉背後的動力」。

一九九一年，菲弗爾榮升為康柏公司的總裁。菲弗爾的任務是拯救危機。許多人都在觀望他將做出何種決策。

菲弗爾為康柏制定了新的發展戰略，發展個人電腦，使個人電腦普及化。因為許多公司都不是很重視個人電腦的市場，他認為這正是康柏搶佔市場的大好時機。

根據菲弗爾的決定，康柏電腦的售價降低了三分之一，突破以往貴族、高價的形象。

康柏電腦首次降價成了一條轟動的新聞，因為這是令人難以置信的低價策略，「以非名牌電腦的價格購買名牌電腦」的市場，就這樣被康柏佔領了。

為保證贏利並滿足顧客日益增長的需要，菲弗爾要求生產的各個環節都降低成本，並要求工廠二十四小時工作。

許多生產名牌個人電腦的公司都以為康柏只是權宜之計，卻沒想到對手已是成竹在胸。當他們醒悟到菲弗爾降價之舉的道理後，紛紛仿效，一時間，知名品牌個人電腦的售價紛紛調降。

然而，並不是所有的公司都經得起降價的考驗。在菲弗爾挑起的價格大戰面前，不少公司因財力不支而倒閉，反觀康柏電腦，降價後不僅沒賠本，反而從一九九二年起，成為業界中少有，連年盈利的公司。

曾有記者探詢他的經營之道，菲弗爾回答：「對於康柏來說，降價與降低成本和進行大規模生產是並行的，只有這樣，才能既減輕顧客的負擔，又能使康柏獲得理想的利潤。」

事實上，康柏在轉入批量生產時，每一道工序的造價都盡可能地降低。舉例來說，九三年康柏的生產量從一百五十萬台提高

到三百萬台，但生產成本卻下降了將近一千萬美元。

菲弗爾挑起的個人電腦降價大戰，讓他成功佔據了市場，使康柏筆電在一九九三年成為世界第一，市場佔有率升至百分之十二。

二十世紀七〇年代，日本本田公司靈活地運用「先發制人」的手段，取得了機車業的霸主地位，產品暢銷全球，佔領了世界主要國家的摩托車市場。當摩托車的需求量趨於飽和時，本田公司迅速地轉向汽車生產，實行多角化經營。

就在本田公司大力發展汽車製造之時，日本新興的摩托車大廠山葉開始擴大生產。本田公司的國內市佔率開始走下坡，山葉所佔的市場比重一直攀升，把本田失去的部分全部佔為己有了。

本田若再不加快腳步，山葉將超過本田，奪得日本市場的霸主地位，進而成為世界最大的機車企業。山葉的管理階層幾乎被良好的勢態沖昏了頭。

山葉的領導人自信能在摩托車市場上獨佔天下，因而在機車產業上拼命投資。由於山葉靠自有資金無法實現龐大的投資計劃，結果欠下了銀行大量的貸款。

在經濟效益方面，山葉和本田差不多。但是，從負債比率來看，山葉集團是三比一，而本田卻只有一比一，從品種的生產台數方面來看，山葉和本田沒有差距。

本田對於山葉的挑戰當然不會不聞不問。一九八七年，本田開始反擊，他們宣稱，絕不允許首席寶座拱手讓人。

一九七九年，河島經理公開承認過去疏忽了機車產業。幾年後，河島發出宣言：「山葉不僅吵醒了獅子，還狂吠不停，必須擊垮山葉！」

在宣言發佈後的一年半時間裡，本田的產量從百分之四十猛

增到百分之四十七，而山葉卻從百分之三十五降到百分之二十七。國內市場佔有率，本田從百分之三十八上升到百分之四十三，山葉則從百分之三十五降到百分之二十三。

本田的主要戰術措施是大幅降價佔領市場。一九八二年夏天，五十CC的輕型機車甚至賣得比十檔變速自行車還便宜。

本田在報復戰上使用的新戰術，是車款的擴充。

在一年半內，本田推出的新型摩托車達八十一種，而山葉推出的新品不過三十四種。在開發新車的同時，本田一邊大量停止舊產品型號的生產。創新的八十一種車款，連同淘汰的三十二種舊型號，本田共變動了產品目錄中一百一十三款車。

而山葉只淘汰了三款，另推出三十四款，全部產品目錄僅變動了三十七種。本田的形象煥然一新，相反，山葉則相形見絀。

本田靠更新產品和降價攻勢，佔領了市場。在這場戰役中，山葉最終遭到慘敗。

打擊對手不一定要想方設法鑽別人的漏洞、抓別人的把柄。此長彼消，讓自己獲利，就是打擊對方最佳的武器。

「市場」這塊大餅是固定的，在商場上，要贏過對手的唯一方式就是設法擴張自身的勢力範圍。

要搶先一步佔盡先機，必須掌握快、狠、準三個要件。心軟及猶豫不決，都會帶來致命的危機。

當然，最重要的還是看清楚整體局勢。

培養綜觀全局的智慧，正是厚黑學最強調的要點之一。如果沒有這種宏觀的智慧，那麼即使得利也只是一時的「近利」，長遠下來，未必能擁有真正的優勢。甚至容易因一時的盲目而誤入陷阱，為企業帶來重大危機。

· 17 ·

諸葛亮舌戰群儒──
好口才能爲你帶來好機會

厚黑，就是教你在現實的社會裡用非常手段獲得成功。除了比別人努力，也要比別人更懂得抓住機會、甚至製造機會。口才與交際正是最佳武器！

東漢末期，曹操挾天子以令諸侯，較有實力的軍閥幾乎被他消滅了，唯獨劉備和孫權還有發展壯大的可能。

曹操自知要一下子吞併這兩股勢力有些困難，派人拿著他的書信去東吳，想和孫權聯手消滅劉備。

這個時候，劉備剛剛打了敗仗，退守夏口。

孫權手下的謀士大都傾向降曹自保，只有魯肅主張聯劉抗曹。他自知難以說服孫權和東吳的文臣，特意請諸葛亮來當說客。諸葛亮遂隻身隨魯肅過江，遊說東吳群臣。

東吳的謀士都不是泛泛之輩，個個都是有學問的人。張昭首先發難：「聽說劉備到你家裡三趟，才把你請出山，以為有了你就如魚得水，想奪取荊襄九郡做根據地。但現在荊襄已被曹操佔據，你還有什麼辦法？」

諸葛亮知道，如果不先辯倒張昭，就沒辦法說服孫權聯劉抗曹，於是說道：「劉備取荊襄這塊地盤簡直易如反掌，只是不忍心奪取同宗的基業，才被曹操撿了便宜。現在屯兵江夏，另有宏圖大計，等閒之輩哪懂得這個？國家大事，社稷安危，都要有真才實學的人拿出好主意。要都是如你這般逞口舌之徒，坐而論道，碰上事情卻拿不出辦法，只能被天下人恥笑。」

一番話，說得張昭啞口無言。

另一個謀士又問：「曹操屯兵百萬，將列千員，你說不怕，我看根本是吹牛！」

諸葛亮想都沒想，便答：「劉備退守夏口是等待時機，而東吳兵精糧足，還有長江天險可守，卻都勸孫權降曹，根本是丟人丟大了！」

就這樣，東吳的謀士一個接一個地向諸葛亮發難，先後有七人之多，都被諸葛亮反駁得有口難辯。

諸葛亮分析天下形勢，分析敵我的軍事實力，以超人的膽

識、雄辯的口才舌戰群儒，智激吳侯孫權和都督周瑜，最終促成
了孫劉聯盟，聯合抗曹的統一戰線。

世界上沒有哪一個人不需要講話、不需要交流，也沒有哪一
種工作不需要和別人打交道。人與人之間交流思想、溝通感情最
直接、最方便的途徑就是語言。

在工作和事業上，敢說話又善於說話的人，可以充分利用自
己的語言交際能力來征服他人，使工作順利進行。古往今來，口
才好的人往往都能順利獲得別人的認同和幫助。

語言能力是現代人才必備的素質之一。說話不僅是門學問，
還是贏得事業成功、常變常新的資本。好口才可以為你帶來運氣
和財氣，擁有好口才，就等於擁有輝煌的前程。

一個人不管生性多麼聰穎，接受過多麼高深的教育，穿多麼
漂亮的衣服，擁有多雄厚的資產，如果無法流暢、恰當地表達自
己的思想，就無法真正實現自己的價值。無論在什麼場合，如果
能夠表達清晰、用詞簡潔，就能夠打動別人，更可以在不經意中
助你成就事業。

林肯是有史以來最樂於與人交談的美國總統。卡爾·舒爾茨
曾經談起他與林肯的初次見面，那是林肯還沒成為總統的時候。

那天，火車離開一個小站後，乘客突然騷動起來，人們從座
位上跳起來，迫不及待地圍住剛上車的高個子，用對待熟人的口
氣向他打招呼：「嗨，亞伯，你好嗎？」

林肯熱情地回答：「晚安，班！你好啊，約翰！看見你真高
興，迪克！」

林肯不知說了點什麼，又引起一陣歡笑。

卡爾的同伴認出了林肯，叫了起來：「哎喲！是林肯，是

他，沒錯！」

他擠過人群，把卡爾・舒爾茨介紹給亞伯拉罕・林肯，這是卡爾第一次和他見面。

他對卡爾說話的口氣又隨和又親切，好像兩人是認識許久的朋友，然後他們一起就坐。

舒爾茨回憶道：「他話音很高，也很悅耳……他的模樣、樸實無華的言辭，沒有一點矯揉造作，也不帶有優越感，讓人感覺好像我們從小就認識、早就是好朋友。我們交談時，他經常在談話裡插進新奇的故事，每個故事都切合當時的話題……」

林肯就像這樣，能夠與各種人愉快地交談，不論對方是作風嚴謹的科學家、老謀深算的政客、傲慢的外國元首還是謙卑的農民。他的口氣就像平民一樣樸實，讓人感到他可親可近，而不是一個高高在上的大人物。

林肯在任期間，白宮的大門是敞開的，任何人都可以晉見總統，但是控制談話氣氛的人總是這個頭腦清醒，思維敏捷的總統。曾有些人帶著非分之想來求見他，但往往還沒明白過來是怎麼回事，就被打發走了。

就這樣，他用自己的口才征服了美國。

美國著名的口才大王卡內基，每一季都要在紐約某家大旅館租用大禮堂二十個晚上，講授社交訓練課程。

有一次，卡內基的授課入場券都印好、也發出去了，其他準備開課的事宜也都已辦妥，這時卻忽然接到通知，旅館經理要求他付比原來多三倍的租金，要不然就必須另覓他處。

卡內基只好親自前往和經理談判。

卡內基先是站在旅館經理的立場說明，如果他是這家旅館的

經理，為了讓旅館盡可能地盈利，或許也會發出同樣的通知。因為如果不這麼做的話，經理的職位就難以保住。這一番話，讓他率先贏得了經理的好感。

卡內基話鋒一轉，又說，但假如經理堅持要增加租金，那麼他們可以來計算一下，這樣對旅館到底是有利還是不利。

有利的地方是，大禮堂若不出租給卡內基講課，而是租給別人舉辦舞、晚會，那可以說是賺到了。因為舉行這類活動的時間不長，又能一次付出不少租金。這樣看來，租給別人授課，顯然是吃了大虧。

不利的地方則在於，雖然旅館一時能增加租金，但整體而言其實卻是降低了收入。

因為實際上，卡內基根本付不起這麼高的租金，只能再找別的地方開辦訓練班，旅館就白白少了個長期的客戶。

其次，這個訓練班將吸引成千上萬有文化背景、受過高等教育的中上層管理人員到旅館來聽課，幾乎就是最佳、且不花錢的活廣告。事實上，就算旅館砸下重金在報紙上刊登廣告，也不可能邀請到這麼多人親自到旅館來參觀，但卡內基訓練班卻可以輕易辦到。

故事的結果，當然是經理讓步了。

在卡內基與經理談判的過程中，充分展示了絕佳的好口才，從頭到尾都沒替自己爭取什麼，而是站在對方的角度想問題，最終卻促成了成功的合作。

有再好的實力，卻缺乏強而有力的攻擊力道，那就跟沒有實力是一樣的。口才就是這樣重要的東西。

無庸置疑，一套完美的話術，絕對能讓你絕地逢生。然而，辯才無礙的本事並非天生，往往都得來自靈活的頭腦，以及絕佳

的反應，當然還有平日累積的內涵，而這些都是可以透過自我訓練得來。

口才之於厚黑，就如同武器之於戰士。空有一副靈活的頭腦，講起話來卻結結巴巴、文不對題，那麼只能眼睜睜看著對方取走勝利的戰果。

如何講話，如何在對的時機講對的話，是成功的重要關鍵。在商場上，好的戰略與計策，通常也得搭配相應的溝通手腕才能相得益彰。

很多時候，空有腦袋卻不懂得交際，往往只能暗自吞敗。相較之下，實力不足但懂得譁眾取寵的人，形勢上說不定還更有利一點。這就是殘酷的社會現實。

對成功來說，按部就班的努力當然重要，但卻非唯一途徑。厚黑，就是教你在現實的社會裡，用非常手段獲得成功。

除了比別人努力，也要比別人更懂得抓住機會、運用形勢、甚至透過各種方式為自己製造機會。口才與交際，正是你抓住機會、創造機會的最佳武器！

·18·

吳蜀結盟──
合作力量大

厚黑講求的就是這種靈巧。能夠因地制宜、像水一樣
柔軟，在夾縫中也能靈活改變形體以求生存，才能在
這個瞬息萬變的世界裡存活，進而壯大。

　　吳蜀聯盟是在赤壁之戰前夕形成的，當時曹操的兵力處於優勢地位，如果吳國和蜀國分別和曹操打仗的話，贏的機率相對較低。為了共同的利益，吳、蜀結成了聯盟。

　　赤壁之戰時，劉備的兵力還不到一萬，孫權的兵力也不及曹操，但由於是兩家聯盟，周瑜統帥吳軍，劉備帶著自己的兵力，最終大勝曹操。

　　第二年，孫權圍攻合肥，周瑜和曹仁爭奪江陵，劉備的軍隊從旁協助戰爭。經過血戰終於攻下合肥，劉備也在這個時候擴充了自己的實力。

　　二一二年，曹操大致結束了西北戰事，大兵東來進攻江東，孫權負責引起曹操的注意，劉備則趁機得到西川。曹操重兵壓向濡須口，孫權帶領七萬多人抵禦，兩軍對峙了一個多月。這也為劉備取蜀奠定基礎。

　　孫劉聯盟十年期間，劉備建立了蜀國，孫權也發展了自己，魏、蜀、吳三分天下基本定局。

　　雙強聯手，用現在的比喻來說，就像是兩家實力雄厚的公司聯合起來，共同應對對手搶佔市場，實現雙贏。

　　現代商場，面對眾多水準更高、實力更強的對手，任何一個企業都不可能在所有方面處於優勢。在這種形勢下，具有優勢互補關係的企業便紛紛聯合起來，實施協同行銷戰略，共同開發新產品，共用人才和資源，共同提供服務，從而降低競爭風險，增強企業的競爭能力。

　　在現今得市場競爭中，合作的成分已經越來越重。

　　一九五一年十月，松下為了尋求技術合作前往歐洲，拜訪飛利浦位於阿姆斯特丹的總部。

飛利浦是當時世界上最大的機電、電子產品製造商之一，有著雄厚的資本和優良的技術，在全世界擁有四十八家直營工廠，這些工廠的資本全都由它投注或合資，技術也是它提供的。

荷蘭人口較少，只有一千萬，資源也很缺乏。因此，飛利浦的原料主要靠進口，百分之八十的產品也必須外銷。在種種不利的條件下，飛利浦能長足發展、立於不敗之地，依靠的就是技術！松下對飛利浦技術的價值有了深切的認識。

松下依據日本市場，決定把收音機作為公司的主要產品。可是，真空管技術部分，有必要引進飛利浦的先進技術。松下在歐美考察中還發現，以半導體為主要材料的電子工業方興未艾，日新月異。飛利浦已經走在前端，而日本幾乎是空白。

飛利浦提出的條件是：雙方共同出資，合作開設工廠。該廠的首期投資要達到六‧八億日元，飛利浦願意承擔投資的百分之三十，並以技術指導費等來抵算，技術指導費為百分之七。此外，松下必須支付先期保證金五十萬美元。

飛利浦的條件在當時來說可謂相當苛刻。松下面臨的最大困擾是五十萬美元，相當於兩億日圓的保證金，和百分之七的技術指導費。

飛利浦代表表示，除非是相當可靠的夥伴，否則飛利浦公司是不會答應合作的。決定與松下合作，是看上松下有三十年以上的實績，經營觀念和方針也和飛利浦公司有頗多相似之處。如此條件下的合作，一定能夠成功。

比起付出少一些但卻不能保證成功的合作模式，兩億日元和百分之七的技術指導費絕對划算。

聽了對方的一番敘述，松下不能不服。的確，飛利浦在國外的四十八家直營工廠都相當成功。他們還有一個原則：一個國家只設一廠，只找一個合作夥伴。這不僅是嚴謹作風的表現，同

時，從市場的佔有和利潤的角度來講，對合作者也相當有利。

況且，飛利浦的合作夥伴都是經過再三考察後才選出來的，簽約之前還要進一步仔細調查、駐廠檢查，這些都表明對方所謂的「絕對成功」不是口號，而是有絕對的把握，和這樣的夥伴合作，經濟上多花一些，今後應當有利可圖。

松下又想，自己出國考察的目的就是尋求技術合作夥伴，引進先進的電子生產技術，飛利浦可以算得上是最佳拍檔。

飛利浦有經過多年培育，近三千人的科研隊伍，而且設備相當完善。這些成就遠非松下可以相比。如果能夠合作，松下僅花兩億日元就能充分利用這支科技隊伍，差不多等於是自家擁有，這不是相當划算的嗎？花這麼一點錢，就可以把世界一流的飛利浦公司雇來做事，這實在是一筆穩賺不賠的生意。

想到這些，松下坦然了許多，心甘情願地接受飛利浦兩億日元保證金的條件。

於是，兩家實力堅強的公司達成協議，如今，兩家公司也依然立於全球同業的頂端。

二〇〇四年二月，中國移動旗下的動感地帶（M-ZONE）與麥當勞結成合作聯盟。

兩者的業務範圍本不相干，一個是中國通信領袖，一個是國際速食王國，之所以走到一起，因為他們都強調「特權主義」和「地盤」的概念。

對中國移動而言，和麥當勞合作，推出只有動感地帶成員才能以較低價格享用的「動感套餐」，無疑增加客戶擁有「特權」的感受。

對於麥當勞而言，「動感套餐」可以增加對消費者的沾黏度，從而拓展雙方的地盤。

動感地帶與麥當勞的合作形式，是從「動感套餐」投票開始，迅速將麥當勞拓展為動感地帶顧客聚集的新領地。換句話說，是將動感地帶的地盤進一步擴大。

之後，動感地帶還與麥當勞在管道、產品、市場等方面以多種形式陸續展開合作，開展一系列針對年輕族群的活動，讓動感地帶的地盤在更多更廣的領域擴展。

目前，麥當勞正在從以往兒童的天堂的定位，朝向年輕族群滲透拓展，人潮正是經營的關鍵，而M—ZONE所擁有的正是大量的受眾，因而成為麥當勞拓展多元化顧客的有利來源。

當吸引顧客後，動感地帶的無線通信平台，就成為麥當勞發佈新產品和促銷訊息的有效管道，傳播資源和投入分享，無形中強化了整體傳播的深度和廣度，有效吸引大批有需求的年輕客戶。

對於動感地帶的客戶來說，購買麥當勞的產品在價格上可以得到優惠，有種特權感，可以得到雙贏。

以前，他們來麥當勞只是吃吃漢堡、薯條，麥當勞的兒童遊樂場讓他們認為自己不屬於這裡。現在，動感地帶的介入，讓他們有了歸屬感。兩家實力強大的公司透過共同的理念合作，成功加速了各自的推廣和發展。

一九○三年，殼牌石油公司的創始人薩姆爾當選倫敦市長。他的兩個長期的競爭對手——標準石油公司和荷蘭皇家石油公司，對殼牌一直虎視眈眈，洛克菲勒和達特汀趁薩姆爾醉心於市長職位之際，對殼牌石油公司發起了猛烈的攻勢。

當薩姆爾市長任職期滿，重新回到石油產業中時，他的老本行真的像報紙上所描述的，只剩下一個「空殼」了。

當初，薩姆爾剛剛就任倫敦市長時，標準石油公司和荷蘭皇家石油公司都想買下殼牌石油的股份，薩姆爾沒有答應。

達特汀認真思考後認為，要想對付美國的標準石油公司，就必須和英國的石油業聯合起來。他先和殼牌公司聯合，以便削弱標準石油的實力。達特汀已經和薩姆爾約好，要聯合起來將標準石油公司趕出歐亞市場。

但是，當薩姆爾市長任滿，回到他的本業之後，世界石油業的局面又有了很大的變化。

自一九○三年起，世界石油貿易就開始衰退。標準石油繼續削價，而殼牌公司的油輪卻由於種種原因開始停航。

標準石油公司在歐洲取得了新進展後，在羅馬尼亞建立了一座油廠。而殼牌石油公司則因為夥伴德意志銀行，被攆出了德國。

事情發展到這一地步，局面就不是憑薩姆爾就能主導了。最後，薩姆爾只好答應，以讓達特汀擁有新公司百分之六十的股份，自己則持有另外百分之四十，達特汀擔任總經理的條件，達成了合併協定。

經過合併，新公司於一九○七年誕生。原殼牌公司和原荷蘭皇家石油公司合併為「皇家荷蘭殼牌公司」，站在新的起點上與美國爭奪石油王國的寶座。

新公司一開始就毫不掩飾它的目標。一九一二年，皇家荷蘭殼牌公司揮戈直搗美國，在加州等地先後設立了子公司。幾年後，皇家荷蘭殼牌行銷世界的石油量中，有一半是從美國本土開採出來。

到了一九二七年，洛克菲勒的埃克森公司已經從「世界石油大王」的地位上跌落。它在美國以外、世界石油製品市場上的產量，已經下降到百分之二十三，而合併後的殼牌卻迅速上升到百分之十六。

而今，殼牌的經營範圍除了開發石油、天然氣外，還有石油煉製、化工、煤礦、金屬、船舶、生物化學、太陽能、核能等

等，儼然已經發展成為綜合性的大型跨國集團企業。

洛克菲勒的埃克森公司長期以來都是「世界石油大王」，但當荷蘭皇家公司吞併了殼牌公司後，終於迫使洛克菲勒交出霸主的寶座。

商場如戰場，兩強聯合往往是企業聯營打造的良方。

這種合二為一的強大攻勢，一旦行之有效地殺入商場，極易成為商場巨鱷。

反之，孤軍作戰，不可一世，則可能從霸主的地位跌落，被聯手作戰的企業打敗。

商場上沒有永遠的朋友，更沒有永遠的敵人。面對眾多對手，與其固執的故步自封，還不如學學劉備，聯合次要敵人，共同打擊主要敵人，這才是最聰明的做法。

孤軍奮戰的逞英雄式作風已經過時了。如今這個時代，擁有靈活的腦袋、懂得適時適度的投機，更甚於有勇無謀的橫衝直撞。

厚黑講求的就是這種靈巧。能夠因地制宜，隨著形勢改變立場與做法，像水一樣柔軟，在夾縫中也能靈活改變形體以求生存，才能在這個瞬息萬變的世界裡存活，進而壯大。

· 19 ·

蔣幹中計——
意氣用事只會傷了自己

只有那些傻得可以的老實人，才會拚了命的硬碰硬。
如果有能不兩敗俱傷的方法，又何必為了爭勝把自己
弄得遍體鱗傷？

赤壁大戰前夕，曹操親率百萬大軍，駐紮在長江北岸，想要橫渡長江，直下東吳。東吳的都督周瑜帶兵與曹軍隔江對峙，雙方箭拔弩張，準備大戰一場。

蔣幹是曹操的謀士，自幼和周瑜同窗讀書，便向曹操毛遂自薦，要過江到東吳去說客，勸降周瑜，免得大動干戈。曹操聽後大喜，親自置酒為蔣幹送行。

周瑜早就猜出了蔣幹的來意，隨即計上心來，連忙吩咐眾將依計而行。

當晚，周瑜設盛宴款待蔣幹，請文武官員都來作陪。席上，周瑜故意讓太史慈佩劍監酒，下令席間如誰提起軍旅之事，斬之。於是，蔣幹根本不敢提起招降之事，周瑜也喝得酩酊大醉。

宴罷，蔣幹扶著周瑜回到帳中，周瑜執意要和蔣幹同榻而眠。蔣幹心中有事，想起曾在曹操面前誇下海口，不知回去如何交代。夜已深，聽到外面鼓打二更，他哪裡還睡得著？

見周瑜鼾聲如雷，他便摸到桌前，拿起一疊文書偷看。翻到一半，忽然見到裡面有一封書信，細看竟是曹操的水軍都督蔡瑁、張允寫給周瑜的降書。

蔣幹大吃一驚，慌忙把信藏在衣內，正要翻看其他文書，卻聽周瑜夢中囈語：「子翼，我數日之內，定叫你看到曹操首級！」

蔣幹含糊答應了一聲，連忙吹熄燈，匆匆睡下。

清晨，有人入帳叫醒周瑜，說道：「江北有人來……」周瑜急忙制止，回頭看看蔣幹，蔣幹一副熟睡的樣子。

周瑜和那人輕輕走出帳外，只聽那人低聲說道：「蔡瑁、張允說，現在還不能下手……」聲音越來越低。

蔣幹心中著急，卻又不敢亂動。

不一會兒，周瑜回來繼續睡下，蔣幹等周瑜睡熟後，偷偷爬起來，逕自走出軍營。

守營軍士也沒阻攔，任他來到江邊。他便找了一艘小船，迅速馳過長江，回去見曹操。

其實，這一切都是周瑜定下的反間計。他知道曹軍中只有蔡、張二將精通水戰，便設下此計，想借曹操之手殺掉這兩個人。

曹操果真上了當，斬了蔡瑁、張允，等到事後省悟過來時卻已經晚了，只好換了兩個水軍都督。結果，赤壁一戰，曹操水軍一敗塗地。

在人生的戰場上，不是每次競爭都必須硬碰硬，有時候反而會兩敗俱傷。在適當的時候，以柔軟的態勢出擊會是較好的辦法。周瑜便是個很好的例子，一記軟策略，沒損傷一兵一卒就打了個大勝仗。

也許從表面上看來，姿態柔軟沒什麼殺傷力，但只要用得巧妙，軟軟的進擊，威力不見得亞於強硬。古往今來，無數人笑傲商場、殺人不見血，贏得風風光光，多半都是懂得使用計謀。

綜觀成功人士，大多數人都採用過以退為進的攻勢。當然，軟也要軟得適宜，不然也可能錯失良機、用錯辦法，以致事後被人譏笑。

一個推銷炊具的推銷員敲了敲安徒先生家的門，安徒的妻子禮貌地請他進去。

安徒太太說：「我的先生和隔壁的Ｂ先生正在後院。不過，我和Ｂ太太願意看看你的炊具。」

推銷員連忙表示：「請兩位先生也到屋裡來吧！我保證，他們也會喜歡我的產品。」

於是，兩位太太拖著他們的丈夫進來了。

推銷員示範了一次完美的烹調。他使用推銷的那套炊具煮蘋果，然後又用安徒太太家的炊具煮了一次，煮好後的蘋果區別十分明顯，給兩對夫婦留下了極深刻的印象。

但是，男人們顯然害怕妻子會衝動購買，因而都裝作毫無興趣的樣子。

於是，推銷員決定換一種方式。

他先是把炊具洗乾淨，包裝起來，放回樣品籃裡，對這兩對夫婦說：「謝謝你們願意讓我示範，我實在很希望能夠馬上提供你們這套炊具，但很抱歉，我今天只帶了樣品來，說不定你們考慮之後還會想買它。」

說著，推銷員起身準備離去。

此舉立刻引起兩個男人的興趣，他們紛紛站起來，想知道什麼時候才能夠買到這項產品。

推銷員卻不斷推辭，說自己確實只帶了樣品，而且也不知道確切的發貨日期。不過，他保證等到發貨時，一定把兩位的要求放在心上。

安徒先生擔心推銷員會忘記，這時，推銷員知道時機已到，自然而然提到訂貨事宜。

兩位丈夫趕緊掏出錢來付了訂金，大約兩個星期以後，他們便收到了那套炊具。

在美國，有兩家專門賣廉價商品的店，一家名叫美國廉價商店，而另一家則稱紐約廉價商店。這兩家店開在同一條街上，但店主卻是死對頭，長期以來，他們為了銷售自己的商品，常常想盡辦法爭個你死我活。

如果紐約廉價商店打出「出售亞麻布被單，瑕疵微小，價格低廉，每床售價六·五美元」的廣告詞，美國廉價商店的櫥窗裡

必然會出現如「我店的被單與隔壁的一模一樣，請注意價格：每床五‧五九美元」的宣傳廣告。

居民們看到這類消息，奔相走告，顧客不斷湧向美國廉價商店，只消片刻，商品就被蜂擁而至的人們搶購一空。

類似的戰爭從未間斷，當地居民也總在盼望他們之間的競爭，因為那樣的話，他們就可以用極低的價格買到便宜的商品。

除了削價競爭，兩家店的老闆還常常站在各自的店門口相互對罵，甚至拳腳相加，最終總要有一方敗下陣來才會停止。這時，等待已久的居民們就好比在比賽場上聽到起跑槍響一般，湧向勝利的店家，將店內的商品一搶而空。

就這樣，附近的居民總盼望著兩家店戰鬥再起，好從中獲益。這已經成了他們生活中不可缺少的一部分。

一晃幾十年過去了，兩家商店的主人年老後都搬走了。

店家的新主人前來清點財產時，發現了一樁令人費解的事：兩家店中間有一條秘密通道相連，樓上還有一道門連接兩家老闆的臥室。

原來這兩個死敵是一對親兄弟，他們平時的咒罵、威脅、互相攻擊，都是假扮的。兩人的鬥爭中，不論哪一方勝利了，勝利一方都會把失敗一方的貨物一起賣掉。

幾十年來，他們便是透過這招以退為進，矇蔽當地的消費者，賺取大筆財富。

聰明的人，都懂得要用不費力的方法打贏勝仗。只有那些傻得可以的老實人，才會拚了命地硬碰硬，到最後即使勝利，自己也沒剩多少力氣了。

其實，如果有更快的捷徑，何必特地繞遠路？

同樣的道理，如果有能不兩敗俱傷的方法，又何必為了爭勝

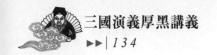
把自己弄得遍體麟傷？

　　兵不厭詐是厚黑精髓中的精髓，靠著表面上的示弱唬弄敵人，更可說是高招中的高招。反過來說，要是競爭對手忽然放低姿態，不見得表示他懦弱，也許這是一種以退為進的欺敵戰略，千萬別被表象蒙蔽了。

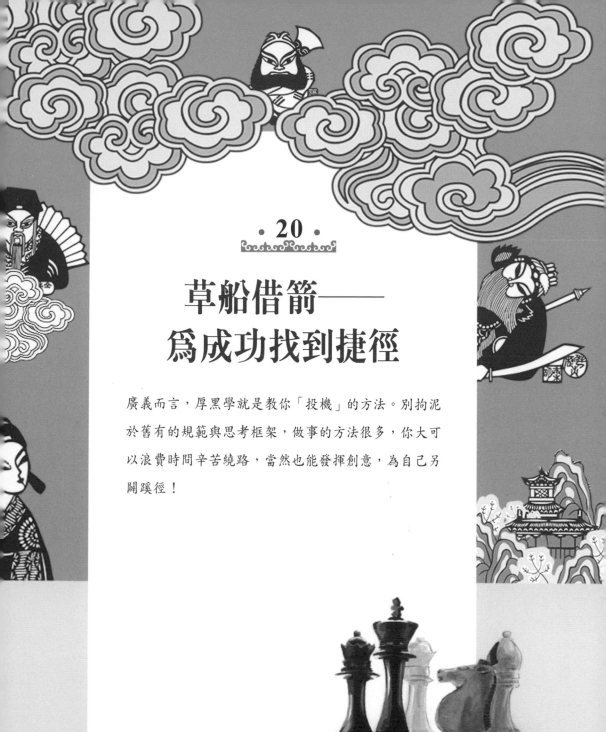

· 20 ·

草船借箭——
爲成功找到捷徑

廣義而言，厚黑學就是教你「投機」的方法。別拘泥
於舊有的規範與思考框架，做事的方法很多，你大可
以浪費時間辛苦繞路，當然也能發揮創意，為自己另
闢蹊徑！

赤壁大戰前夕，周瑜見諸葛亮特別有才幹，心裡頗為嫉妒，於是設下置諸葛亮於死地的圈套。

周瑜的如意算盤是，一方面以對曹軍作戰急需為名，委託諸葛亮在十日之內督造十萬枝箭；一方面吩咐工匠故意怠工拖延，並在物料方面多加刁難，使諸葛亮不能按期交差，然後再名正言順地除掉他。

當周瑜提出十日之內趕製十萬枝箭的要求時，諸葛亮卻出乎意料的表示，只需三天的時間就可以覆命。周瑜一聽大喜，當即與諸葛亮立下軍令狀。

在他看來，諸葛亮無論如何也不可能在三天之內造出十萬枝箭，這回必死無疑。

立下軍令狀後，諸葛亮向魯肅借了二十艘船，並在每隻船上配置了三十名軍卒，船隻全用青布為幔，分別在船的兩舷各束草把一千多個。

一連兩天諸葛亮都毫無動靜，直到第三天夜裡四更時分，他才秘密地將魯肅請到船上，並告訴魯肅要去取箭。

當天晚上，江面霧氣霏霏，漆黑一片。諸葛亮命人用長索將二十艘船連在一起，起錨向北岸曹軍大營進發。

五更的時候，船隊接近曹操的水寨。諸葛亮又讓士卒將船隻頭西尾東一字擺開，橫於曹軍寨前，然後又命令士卒擂鼓吶喊，故意製造擊鼓進兵的聲勢。

魯肅見狀大驚失色，諸葛亮卻坦然地告訴他：「我料定，在這濃霧低垂的夜裡，曹操絕不敢貿然出戰。我們可放心地飲酒取樂，等到大霧散盡，我們就回去。」

曹操聞報後，果然擔心重霧迷江可能會遭到埋伏，不輕易出戰。他派六千名弓弩手會同水軍射手共約一萬餘人，一起向江中亂射，企圖以此阻止擊鼓叫陣的「孫劉聯軍」。一時間，箭如飛

蝗，紛紛射在江心船上的草把和布幔上。

過了一段時間後，諸葛亮又從容地命令船隊調轉方向，頭東尾西，靠近水寨受箭，並讓士卒使勁擂鼓吶喊。等到日出霧散之時，船上的草把都密密麻麻地插滿了箭枝，此時，諸葛亮才下令船隊調頭返回。

船隊返營後，共得箭十多萬枝，為時不過三天。魯肅全程目睹此事，稱諸葛亮為「神人」。周瑜得知一切後也不禁大驚失色，自歎不如。

只要懂得運用智謀，憑藉他人的人力或財力，同樣也可以達到自己的目的。

多數初出茅廬的創業者都有資本不足的問題，要靠自己的力量起家，機會很渺茫。因為做任何事業，本錢都是基礎，不論多好的目標、設想和計劃，如果沒有一定的經濟力量支撐，只能是紙上談兵。

因此，對於大多數仍處於白手起家的朋友來說，頭一件事就是透過各種途徑籌集創業所需的基本資金。當然，籌措的方法很多，大膽借貸則是最主要的方法之一。

美國億萬富翁馬克‧哈樂德森就曾說過：「別人的錢是我成功的鑰匙。」

把別人的錢和別人的努力結合起來，再加上自己的夢想和一套奇特而行之有效的方法，然後走上舞台盡情發揮。結果，你眼裡的雕蟲小技，世人卻會認為是出奇制勝。因為人們根本想不到，竟能用別人的錢為自己賺錢。

一九五五年，剛剛建成迪士尼樂園的迪士尼知道紐約將舉辦一個大型的產品博覽會，許多大公司、大廠商都會踴躍參展，但

由於要花費鉅資裝修場館，主辦方急需贊助商。

經過一番籌劃，迪士尼找到了博覽會的主辦者，自告奮勇承擔裝修場館的費用，唯一的條件是：博覽會結束，必須將產品搬入迪士尼樂園，在樂園中展出五至十年。主辦者當即與迪士尼簽定了裝修場館協議。

迪士尼先是為「福特」設計了一條「神秘大道」，讓福特房車載著遊客通過一條「聲控長廊」，長廊中有從遠古到現在的各種雕像場景，又為「奇異公司」設計了一個「神奇戲院」、為「百事可樂」設計了一個「兒童小世界」、為博覽會設計了「總統大廳」……

當然，迪士尼也沒有忘了自己，博覽會的每一個角落，都有迪士尼樂園的巨幅宣傳品和服務設施。

博覽會開幕後，參觀者一天比一天多。許許多多的美國人與其說是參觀博覽會，倒不如說是到博覽會遊玩。

迪士尼設計的「神秘大道」和「神奇戲院」被博覽會主辦者、參展廠商和全體與會者一致譽為「最吸引遊客的地方」；「兒童小世界」被譽為「最美妙的地方」；「總統大廳」則是「最受歡迎的地方」。

迪士尼和迪士尼樂園，藉著博覽會美名遠揚。

博覽會不久就結束了，令參展廠商和遊客們如醉如癡的「神秘大道」、「神奇戲院」、「兒童小世界」、「總統大廳」等場景都被迪士尼運「迪士尼樂園」。於是，全世界的人紛紛從各地湧入「迪士尼樂園」。

迪士尼巧借博覽會，既擴大了「迪士尼樂園」的知名度，又壯大了「迪士尼樂園」的事業，為以後的成功奠定了基礎。

中國當代傳奇人物鄭敏，奮鬥初始雖然沒錢，但最後卻能在

寸土寸金的鬧區，蓋起一棟十六層高的大樓。

當初，鄭敏帶著著五千元人民幣隻身來到廣東，適逢房地產熱潮，地價瘋漲。這時要想蓋房子，不是花大價錢買地皮自建，就是出資與當地人合建，然後分成。有錢出錢，有地出地，沒錢沒地的就只能靠邊站了。

鄭敏既沒錢也沒地，但沒有就此放棄，而是想到租地。於是，他騎著自行車，到處尋找可租之地，終於找到一家即將遷往城外的工廠。

鄭敏提出租地七十年，建巴蜀大廈。建成後，每年交給廠方十一萬元。他特意對廠方強調，若是願意出租，租期內將能收入七百七十萬元。廠方聽到七百七十萬的租金，比賣地還多了不少錢，聽起來很划算，很快就同意了。

這是鄭敏下得一招妙棋。

首先，租地不像買地需要預付大量的現款，就可以把別人的地變成「自己的地」。

第二，租金方面，他其實佔了很大的便宜。在寸土寸金的鬧區，每年的租金才十一萬。當他蓋起十六層樓高的大樓，光是其中四層的租金，每年就能有五百萬元的收入，相比之下，十一萬簡直是九牛一毛。

雖說租金就有七百七十萬，但分母卻是漫長的七十年。這樣算下來，廠方雖然得到了微薄的租金，卻失去了七十年的大好機會。

鄭敏大功告捷，聰明之處在於善用話術，讓人只想到七百七十萬的總租金收入，卻沒想到平均下來，年租金其實只有十一萬。

得到地皮後，他馬上又透過媒體廣為宣傳即將在廣州建大廈一事，並開始接受預訂房號、預收房款，輕而易舉地集資兩千萬。

他省錢省事得到土地使用權，又走捷徑解決了建築工程款。大廈正式動工時，又恰逢建房地產熱急劇降溫，建築業無米下鍋，只要有工作，虧本也願意接。

鄭敏把工程包出去，不但不用給承建方工程預付款，而且還要求對方先墊施工人事費用，大樓才建了一半，承建方已墊支了數百萬。

鄭敏就是靠著靈活的頭腦，借雞生蛋，未拿出分毫，便坐擁廣廈千萬間。

私人船隻噸位位居世界第一的丹尼爾・洛維洛，在創業之初一無所有，但他卻靠自己的才智，籌集了一筆資金，為自己成為「世界船王」奠定了基礎。

丹尼爾從小就表現出極佳的經商才智。九歲那年，他向父親借了二十五美元，將沉下水的汽艇買了下來，並將船修好。第二年夏天，他將船租出去，賺了五十美元。

一九三七年，丹尼爾・洛維洛來到紐約，打算向銀行貸款，買艘船改裝成油輪，因為當時載油比載貨賺錢。他對銀行表示，自己擁有一艘老油輪，他把油輪租給一家石油公司，每個月的租金正好可以分期還他要借的這筆錢。

這種做法似乎很荒唐，但實際上，對銀行而言卻是相對保險的。丹尼爾本身的信用並非萬無一失，但那家石油公司卻是極為可靠。銀行可以假定石油公司按月會付錢──除非有預料不到的重大經濟災禍發生。

退一步說，如果丹尼爾把貨輪改裝成油輪，結果卻失敗了，但只要那艘老油輪和石油公司還存在，銀行就不怕收不到錢。最後，錢成功轉到丹尼爾手中。

丹尼爾用這筆錢買了他要的舊貨輪，改為油輪租出去，然後

又利用它去借另一筆錢，再去買一艘船。如此幾年後，每當一筆貸款付清，丹尼爾就成了某條船的主人，租金不再被銀行拿去，而是由他放進自己的口袋裡。他完全沒出一毛錢，便擁有一支船隊，贏得一筆可觀的財富。

不久，一個利用借錢來賺錢的方法又在他的腦海裡成形。

他打算設計一艘油輪或其他有特殊用途的船，在還沒有開工建造時先找到願意在完工後才租下它的客戶，然後拿著租賃契約，跑到銀行去借錢造船。

這回的借款，是採延期分批攤還的方式，要在船下水之後，銀行才開始收錢。船一下水，租金就可以轉讓給銀行。這項貸款最後真的用上面所說的方式付清了。最後，等待貸款還清完畢，丹尼爾就以船主的身分將船開走，連一分錢也不用花。

開始時，銀行對於他的提議感到相當震驚，但當他們仔細研究之後，卻覺得他的話非常有道理。此時，丹尼爾的信用已經沒有問題了，何況，還與從前一樣，有別人（租船客戶）的信用加強還款的保證呢！

就這樣，丹尼爾‧洛維洛的造船公司迅速地發展壯大，連歐納西斯和尼亞斯兩位大名鼎鼎的希臘船王都甘拜下風。

誰說，成功的資本一定得靠自己一點一滴努力累積？

腳踏實地的觀念當然沒錯，錯的是固執不懂變通，猶如水泥般的死腦筋。

用別人的錢賺錢，說穿了其實就是種無本生意，是被一般人稱為「投機」的作為。但看看這個世界，所有成功的人當中，有哪個人不懂投機、不懂得數字遊戲？

廣義而言，厚黑學就是教你「投機」的方法。世人都認為「投機」二字是不好的詞彙，甚至不夠道德。但換個角度想，沒有人

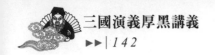
規定成功不能走捷徑，如果有種方法效率十足，爲何要因爲不必要的原則捨棄它呢？

投機不是不可以，只要考慮清楚，有十足的把握，你當然可以投機。

這不是在教你走歪路，而是要告訴你，別拘泥於舊有的規範與思考框架。做事的方法很多種，你大可以浪費時間辛苦繞路，當然也能發揮創意，爲自己另闢蹊徑！

· 21 ·

苦肉計——
裝可憐也是一種欺敵手段

商場本就是爾虞我詐，面對現實而殘忍的環境，自然也講不得什麼仁義道德，各自都得在合理範圍內厚著臉皮，「黑心」的不擇手段。因為，這可是成功的必經過程啊！

周瑜準備派人去詐降曹操，卻不知道找誰合適，就算有了人選，還不知道人家願意不願意受苦。

這個時候，大將黃蓋主動找上門來，說願意配合周瑜，兩人一拍即合。

兩人商量好後，便在眾人，特別是在曹操的假降將蔡中、蔡和面前，故意發生口角、激起矛盾，製造周瑜棒打黃蓋的機會。

雖然眾人苦苦求情，但周瑜不但不打不行，還得把戲演得逼真萬分，命人把黃蓋打得皮開肉綻，鮮血迸流，扶回帳中還昏厥了幾次。打完，周瑜還氣呼呼地大罵：「竟敢小看我！」罵聲不絕於耳。

在當時，苦肉計看不懂的人多，但看懂的人也有幾個。諸葛亮一眼就看透，闞澤看著公瑾的舉動，也料到八九分。

曹操當然聰明，而且奸詐，他思前想後了好多遍，雖然表示懷疑，但還是被有膽有識的闞澤說服，中了苦肉計。

苦肉計的原文是：「人不自害，受害必真，假真真假，間以得行。童蒙之吉，順以巽也。」

意思是說，人不會自己傷害自己，若受到傷害，必然是真的。一旦假作真時真亦假，這時候離間計就可以實行了。

在一般情況下，人們不會做出自己傷害自己的事情，如果一個人皮開肉綻地站在面前，你一定不會想到是他自己傷害了自己，而會認定是他人所為。

苦肉計正是利用了「人不自害」的常理，反其道而行，以此欺騙、麻痺敵人，使之產生錯覺而中圈套。這正是苦肉計得以成功的奧秘所在。

前面提過，一般情況下人不會傷害自己。因此，一旦受到殘害，旁人就會相信他是真的受到了傷害。比如「周瑜打黃蓋，一

個願打，一個願挨」，就是相當典型的苦肉計。

　　一九八四年，西安寶石軸承廠曾一度面臨虧損的邊緣。隔年，該廠打破行業的界限開發新產品——「太陽牌」鍋巴，因而發生了巨大的變化，生產效益成倍增長，上半年產值達八千零八十三萬元人民幣，利潤約有一千多萬元，比前年同時期分別增長了五倍和九倍。

　　目前，該廠已經發展為擁有二十一個分廠的大型企業集團。「太陽牌」鍋巴更曾榮獲優秀產品獎和推動企業技術進步金龍騰飛獎。他們成功的奧祕何在？

　　時間回到一九八五年，他們先對市場做了大量的調查後，大膽提出開發食品的設想。

　　生產鍋巴與生產寶石軸承風馬牛不相及，一無經驗、二無設備，不但要投入大量的資金，還要冒很大的風險，在內部引起了很大的騷動。

　　最終，「太陽牌」鍋巴還是在困境中誕生了。他們本著「品質第一，信譽至上」的精神，為了保證產品的品質，全廠建立了健全的品質檢驗體系，組成班組、車間、分廠、總廠四級品質管制網路。從原材料進廠到產品出廠，凡未經核對和不合格的，均不准進庫，不得出廠。

　　有一年，某分廠有一萬袋鍋巴不合格，未能達到內部指標，雖然也能食用，但為了維護產品信譽和消費者的健康，廠方決定將不合格的產品全部銷毀。

　　除此之外，他們定期召開消費者座談會，傾聽商業部門和群眾的意見。他們堅持品質第一，因而贏得了信譽。

　　幾年來，這個廠不但擴大了經營規模，生產出了多種口味的鍋巴，而且積極採用國際先進技術和標準，開發出了營養豐富的

麵食、糕點和全國獨家經營的高蛋白米粉，形成了以「太陽牌」系列食品為主，以寶石軸承和珠寶為輔的三大產品。不僅企業獲得充分的迴旋餘地，增強市場競爭能力，也為產品打入國際市場奠定了良好的基礎。

有一天，當時尚未成為日本繩索大王的島村芳雄走在街上，看到路上的女性除了帶著自己的皮包之外，手上還提著一個紙袋，他忽然發覺這是一個商機。

兩天後，他到一家跟商店有來往的紙袋工廠參觀，果然正如他所料，工廠忙得不可開交。參觀之後，他怦然心動，認為將來紙袋的運用一定會風行全國，如果從事紙袋繩索的生意，一定有利可圖。

島村雖然雄心勃勃，但因身無分文，一時之間無從下手。最後，他決定到銀行去試一試。

皇天不負苦心人，前後經過了三個月，當他第六十九次拜訪銀行，三井銀行被他百折不撓的精神所感動，答應貸給他一百萬日元。當朋友和熟人知道他獲得了銀行貸款一百萬後，紛紛答應借給他小額的金錢。

就這樣，他很快就湊到了兩百萬的資金。

於是，島村辭去店員的工作，設立凡芳商會，開始繩索販賣業務。他深信，雖然他的條件比別人差，但若用自己新創的「原價推銷法」，一定能在競爭激烈的商業界站穩腳跟。

首先，他前往產麻地岡山的麻繩廠，將每條四十五釐米長的麻繩以五角錢的價格大量買進，然後按原價轉賣給東京一帶的紙袋工廠。這種完全沒有利潤，反而賠本的生意做了一年之後，「島村的繩索確實便宜」的名聲開始傳開，成百上萬的訂單從各地源源而來。

接著，島村按部就班地開始了他的行動。

他拿著訂單及進貨收據去找客戶訴苦：「到現在為止，確實沒賺你們一分錢，如果讓我這樣繼續下去話，我就只有破產這條路可走了。」

客戶們都為他的誠實所感動，心甘情願地把交貨價格提高到五角五分。

接著，島村又到岡山找麻繩廠的廠商：「您每條繩子都是以五角賣給我，我也是一直照原價賣給別人，因此現在才會有這麼多的訂單，如果讓我繼續做這種無利又賠本的生意，我也只能關門倒閉了。」

岡山的廠商看到他開給客戶的收據存根，大吃一驚，像這樣自願不賺錢做生意的人，他們還是頭一次遇到。於是馬上答應，往後供給他的麻繩每條只收四角五分。

如此一來，他每條麻繩就能賺一角，每天的利潤就有一百萬日元。創業兩年，他已經名滿天下，同時也把凡芳商會改成了公司組織。

苦肉計的用法多樣，目的和形式也不盡相同。只要做出必要的自我犧牲以欺騙敵人和對手，都屬於苦肉計的範疇。

只要能夠達成目的，用點手段沒什麼不可以。總之，只要結果皆大歡喜，放下身段、裝裝可憐又有什麼關係？

別把「博取同情」當成是令人不齒的行為，商場本就是爾虞我詐，面對激烈的競爭，不只要想盡辦法留住現有顧客、吸引更多顧客，還要關注對手，想辦法不被對手打趴在地，進而把對手踩在腳底下。

處在這麼現實而殘忍的環境，自然也講不得什麼仁義道德，各自都得在合理範圍內無所不用其極才行，必要時用點苦肉計當

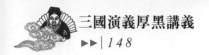

然沒什麼不對。

　　這就是厚黑學的精髓。

　　厚著臉皮，不擇手段，為的就是自保，以及打擊對方。因為，這可是成功的必經過程啊！

　　進一步來說，如苦肉計等欺敵詭計人人會用，表現出的面貌更是不盡相同，面對瞬息萬變的情勢，要如何能辨別箇中本質？這就得透過縝密透徹的觀察，深入思考，才不至於被表象迷惑了！

火燒赤壁——
善用天時與地利

厚黑就是教你做事要用對方法、找對捷徑。很多時候
周遭環境會默默地釋放許多訊息，聰明的人消化之
後，往往能從中嗅出「機會」與「勝利」的氣味。

曹操進攻荊州時，劉備孫權兩家結成聯盟；草船借箭後，諸葛亮又與周瑜共同制定了火攻曹營的計劃。

曹軍多為北方兵士，不諳水戰。為了減輕船艦被風浪顛簸，曹操命令工匠把戰船連接起來，在上面鋪上木板。人不僅可以在上面往來行走，而且還可以在上面騎馬。

但是，連環戰船目標大，行動不便。有人提醒曹操防備吳軍乘機火攻，曹操卻認為：「凡用火攻，必借東風，現在是隆冬之際，只有西北風。」

周瑜也看出了這個問題，只是由於氣候條件不利火攻，急得他口吐鮮血，不省人事。

諸葛亮根據對天氣氣候變化，憑著自己的經驗，已準確地測出出現偏東風的時間。但為戲弄周瑜，他設壇祭神，來場「借東風」好戲。

十一月的一個夜晚，果然刮起了東南風，而且風力強大。周瑜派出部將黃蓋，帶領一支火攻船隊，直駛曹軍水寨，假裝去投降。待船隊逐漸看得見曹軍水寨時，黃蓋命令士兵齊聲大喊：「黃蓋來降！」

曹營中的官兵聽說黃蓋歸降，都伸著脖子觀望，毫無防備。

黃蓋的船隊距離曹操水寨只有二里，這時黃蓋下令放火，號令一下，所有的戰船一齊放起火來，就像一條火龍，直向曹軍水寨衝去。

東南風越刮越猛，火借風力，風助火威，曹軍水寨全部著了火。因連環戰船一時拆解不開，火不但沒法撲滅，而且還越燒越旺，一直燒到江岸上。只見烈焰騰空，火光沖天，江面上和江岸上的曹軍營寨，都陷入了一片火海之中。

孫、劉聯軍把曹操的大隊人馬殲滅，把曹軍所有的戰船燒毀了。在煙火瀰漫之中，曹操率領著殘兵敗將，向華容小道撤退。

不料，途中遇上狂風暴雨，道路泥濘難行。曹操只好命令所有老弱殘兵，找來樹枝雜草，鋪在爛泥路上，讓騎兵通過。可是那些老弱殘兵，一下子被人馬擠倒，受到踐踏，又損傷不少。後來，他只得留下一部分軍隊防守江陵和襄陽，自己率領殘餘部隊退回北方去了。

「萬事俱備，只欠東風」，常常被人們掛在嘴上。就極層面而言，企業都需要好好地把握這個故事的精髓：順勢借東風，讓產品的聲勢更旺。巧借東風，已成了甦活經濟，振興企業的重要謀略。

《三國演義》中的東風，是決定三足鼎立的「天時」；而商場、企業所需的東風，則是國家發展經濟的政策方針，是各種資訊。若能抓住這些環境變化的蛛絲馬跡，適應自己的發展計劃，便可事半功倍。

諸葛亮巧借東風，是因為他上知天文，下知地理，能透過各種資訊預測東風的來臨時間。同樣，企業發展也須密切注意各種周邊資訊，無論是媒體、同行、政策走向等，各種跡象都能有助於預見「東風」。

浙江有一家小型企業，創辦初期只有幾萬元的資本，而今卻發展成為富甲一方的工廠。他們由小變大，由貧變富的秘訣就在於密切注意環境的變化。

原先，這個工廠主要生產汽車配件，但業績一天不如一天，企業面臨倒閉的危機。有一天，廠長從廣播中聽到一則消息，政府將頒佈實施《環境保護法》。他馬上意識到這是一個好機會，開發環保產品一定有利可圖。

調整了產品結構之後，工廠轉向生產水處理設備，由於該廠

聞風而動，捷足先登，很快就搶佔了水處理設備市場的制高點，為企業的發展奠定了良好的基礎。

　　十九世紀末期，位於當時全世界最重要產油地——巴庫的各大石油公司，紛紛展開了激烈的競逐。某家由瑞典一對兄弟經營的石油公司，在這場角逐中面臨了破產的危機。

　　為了挽回敗局，公司急需一筆資金擴大生產，渡過難關。但是，該公司的實力有限，難以取得大銀行的信任。如何得到貸款，成了公司生死存亡的首要問題。

　　當時的歐洲，國際關係相當錯綜複雜。一八七〇年普法戰爭後，德國統一、法國戰敗，但戰敗後的法國始終力圖恢復其歐洲大陸強國的地位，奪回被佔領的土地並向德國復仇。

　　於是，歐洲大陸的另一個強國俄羅斯，便成了德、法兩國爭奪的目標。德國著名的「鐵血宰相」俾斯麥試圖拉攏俄國，以避免俄國與法國結盟，使德國處於被攻的境地。此時，如何改善德俄關係就成了德國外交上的重點。

　　瑞典兩兄弟認為，德國為了表示對俄國的親善，有很大的機會，願意貸款給俄國管轄境內的公司。於是，正確分析了形勢以後，瑞典兄弟開始了積極行動。

　　首先，他們在德國找到一個議會的朋友，表明希望獲得德國財政支持的意圖。這位議員不久便向俾斯麥轉告這件事情，果然不出他們所料，俾斯麥對這件事情十分重視。

　　儘管貸款給這家近乎破產的公司，於商業利益而言風險不小，但如果透過此事能使俄國皇帝領會德國的友善和親近，並改變對德、法的政策，就將是有利於德國安全的大事。何況，以德國的實力，承擔一家公司所需的資金不過九牛一毛。

　　於是，俾斯麥以宰相之尊親自出面，暗示德國的銀行給予瑞

典公司方便。銀行得到宰相的暗示後心領神會，在這一系列安排工作完成後，瑞典兄弟便正式向德國銀行提出貸款申請，輕而易舉地得到一大筆優惠貸款，幫助公司順利地渡過難關。

一九九四年，北京相關部門舉辦的大型旅遊文化活動的開幕式上，數千隻白鴿同時飛起，十多個巨大鮮艷的彩色氣球下面拖著一條長長的布幅乘風上升到天空。微風吹來，布幅上紅艷艷的大字格外醒目：「華懋雙匯集團漯河肉聯廠，祝活動圓滿成功！」

雙匯在天安門廣場打廣告，可說是一個極成功的企業公關策劃活動。媒體不斷炒作「『雙匯』登上天安門」的事件，華懋雙匯集團漯河肉聯廠無疑是最大的受益者。

很多人也許還不清楚，雙匯集團在天安門廣場的宣傳，只花了十二萬元，尚不及《人民日報》半版廣告的花費。

一開始，精明的雙匯員工得知有個大型旅遊文化活動，將在天安門廣場舉行開幕式，便醞釀要製造一起轟動全國的新聞了。他們派出最得力的公關人員，以一個氣球一萬元的價格，成功獲得相關部門的審核通過。

華懋雙匯集團的公關部負責人表示，雖然他們耗資十多萬元，僅換得廣告氣球在天安門廣場飄揚三天，但身為第一個有這種創舉的集團，這件事本身就是個新聞，雙匯要的就是這種轟動效應，它所產生的意義已遠遠大於廣告本身的價值。

「好風憑藉力，送我上青雲。」有心成功的人，必須要能抓住機遇。許多企業卻往往不懂得抓住環境的脈動，枉將技術和資金投注在無用之途，這便是不適應現代企業競爭的表現。

聰明的人，不僅會等待機會，更懂得從周遭發現機會，憑藉環境情勢的力量，助自己一臂之力。

　　簡單說，就是懂得適時搭上順風車，並從中創造新的價值。畢竟成功不是埋頭苦幹就可以，還要經常抬起頭來看看別人、看看周遭，調整自己的腳步才行。

　　厚黑就是教你做事要用對方法、找對捷徑，而非只曉得狠幹蠻幹，到頭來卻是拚了命在做白工。很多時候，周遭環境會默默地釋放許多訊息，聰明的人消化之後，往往能從中嗅出「機會」與「勝利」的氣味。

　　而對於脈動的敏感度，就得靠平日的觀察，並培養多方思考的習慣。大量閱讀、掌握資訊，多與人互動，時時把自己的雷達打開，盡可能的分析各種日常事物，自然而然就可以得到不小的收穫。

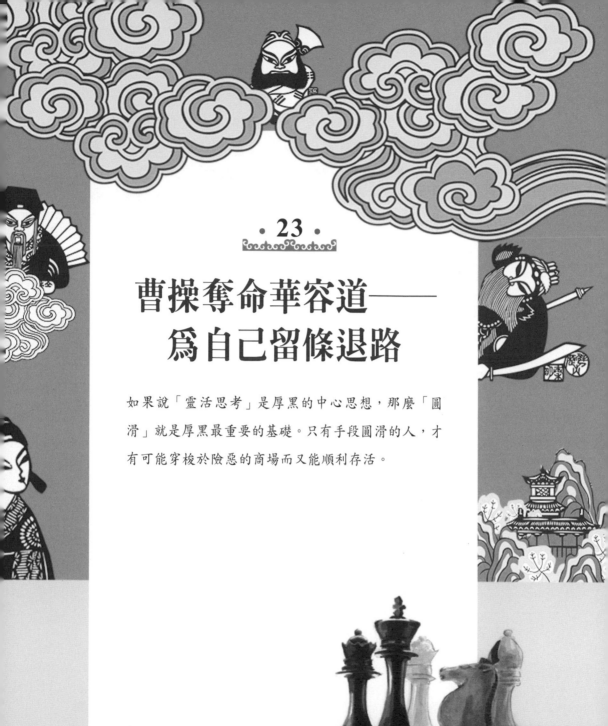

·23·

曹操奪命華容道——
爲自己留條退路

如果說「靈活思考」是厚黑的中心思想，那麼「圓滑」就是厚黑最重要的基礎。只有手段圓滑的人，才有可能穿梭於險惡的商場而又能順利存活。

赤壁一戰，曹操戰船被燒，眼看戰事大敗，率軍向華容道步行而逃。一路上，遭到許多伏兵劫殺，最後只剩三百餘騎往華容道逃去。華容道上一片泥濘，根本無法通行，加上那天又刮大風，行走起來就更加艱難了。於是，曹操下令，命羸弱之兵割草墊路，大軍才得以通過。

眼看大軍就要全部通過華容道，曹操不由放聲大笑。諸將本已狼狽不堪，見他大笑，十分不解。曹操得意地說：「劉備的才智與我不相上下，但他的計謀總要晚我一步；假使他早派快馬至華容道放火，我等必全軍覆沒了。」

話音剛落，只聽見一聲炮響，兩邊突然出現五百校刀手。關羽提著青龍刀，騎著赤兔馬出現在前方，截住了他們的去路。

曹軍見了無不喪膽，曹操只得命餘將與關羽決一死戰。但旗下大將卻紛紛表示，兵士們雖然不怕對戰，但是戰馬已經很累，可能無法再戰。

謀士程昱提議：「關羽一向傲上而不忍下，欺強而不凌弱，恩怨分明，信義素著。丞相舊日待他有恩，看來今日您必須親自求情，才有可能脫得此劫。」

曹操聽從了程昱的建議，騎馬向前對關羽說：「我今日兵敗勢危，到此無路，望將軍以昔日之情為重。」

關羽道：「昔日雖蒙丞相厚恩，但我已經報答過了。現在我怎能因為私人一十的心軟而誤了大事？」

曹操又說：「大丈夫以信義為重，當日五關斬將，將軍不知還記得嗎？」

關羽是個義重如山的人，想起當日曹操許多恩義與後來五關斬將之事，不覺動心。又見曹軍惶惶，個個眼眶含淚，心中愈發不忍，於是勒回馬頭，命眾軍士四散擺開。

曹操見關羽回馬，便和眾將領一起衝過去。關羽回身時，曹

操與眾人都已經通過了。關羽大喝一聲，曹軍紛紛下馬，哭拜於地，看得他更加不忍心。

正當他猶豫不決時，曹軍將領張遼騎馬而至。關羽和張遼是故友，今日相見，又動故舊之情，於是長嘆一聲，把曹軍都放了。

做任何事時，都不要忘記留條退路。世上沒有常勝將軍，每一個人難免會遇到需要別人幫助，或者要別人手下留情的時候。

凡事不留餘地，就等於斷了自己的後路。「不是成功就是失敗」的簡單邏輯並不適合現今這個複雜多變的社會，為此必須付出的代價，有時是你無法承受的。因此，在可以容許的時候，與其跟未來的自己過不去，倒不如為別人留點喘息的餘地。

有一段時間，胡雪巖與龐二合夥做絲業收購，兩人齊心協力，抬高國人絲價，為了這件事，胡雪巖傾注了大量心血，做得實在不容易。誰知到臨近交貨時，卻出了一個亂子，那就是朱福年暗中搞鬼。

作為龐二的副手，朱福年野心勃勃，想借龐二的實力掌控上海絲場，做江浙絲幫的首腦人物。因而，他對胡雪巖表面上服從，暗地裡卻處心積慮，一直想打倒胡雪巖。

所幸，另一名員工尤五最先發現了問題。知道原委後，胡雪巖並沒有直接揭穿朱福年。他牢牢記住「得饒人處且饒人」的道理，因此很謹慎的處理這件事。

依龐二的想法，是想徹底查清朱福年，狠狠整治他，然後讓他滾蛋。但胡雪巖卻認為，一發現這個人不對頭，就徹底清查之後請他走人，這是普通人的做法。最好是不下手則已，一下手就叫他心服口服，甚至反過來死心塌地替你出力，才算本事。

胡雪巖透過關係，摸清朱福年自開戶頭，挪用絲行資金的詳

情，然後再到絲行看帳，在帳目上點出朱福年的漏洞。然而他也只是點到為止，並不點破真相，也不再深究，讓朱福年感覺自己似乎已經被抓到把柄，但又不明實情。

同時，他還給出時間，讓朱福年檢點帳目，彌補過失，等於是有意放了他一條生路。最後，他明確地告訴朱福年，只要盡力，仍然會得到重用。

經過此事，朱福年對胡雪巖徹底心服了。

饒人形同留條路，傷人卻是造了一堵牆；多個朋友，總比多個敵人好。

胡雪巖饒人一回，卻收服了朱福年，並藉此向龐二證明了自己的經商之道，也為他自己往後的事業創造了良好的契機。

為他人留有餘地，同時也是為自己留條退路。不給別人留餘地，就等於伸手打別人耳光的同時，也打了自己一個耳光。人生就是這樣，不讓別人為難，就不會讓自己為難；讓別人活得輕鬆，也就等於讓自己活得自在，這就是留有餘地的妙處。

給別人留有餘地，別人一定會感激你、協助你，也就等於給了自己一次成功的機會。

在人生戰場上講求「得饒人處且饒人」，絕對不只因為仁慈這麼簡單，背後還有其他考量。

事實上，這就是一種手腕。尤其是對那些有才華有能力的人，此舉無疑是為將來的人脈關係打好基礎。

如果說「靈活思考」是厚黑的中心思想，那麼「圓滑」就是厚黑最重要的基礎。只有手段圓滑、處事圓融的人，才有可能穿梭於險惡的商場而又能順利存活。

凡事不留餘地，最終只會處處碰壁。透析了這一點，就能在利害關係重重的商場上來去自如，事事順利。

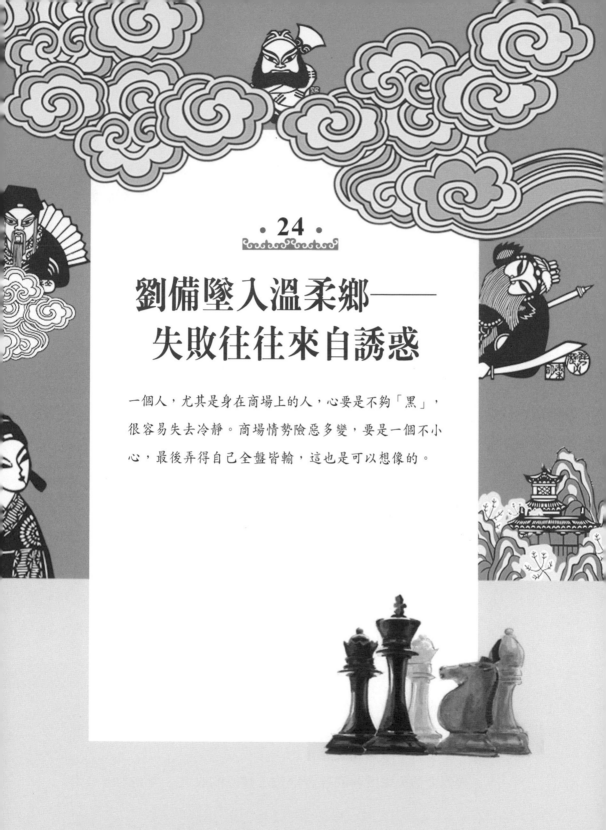

• 24 •

劉備墜入溫柔鄉——
失敗往往來自誘惑

一個人，尤其是身在商場上的人，心要是不夠「黑」，
很容易失去冷靜。商場情勢險惡多變，要是一個不小
心，最後弄得自己全盤皆輸，這也是可以想像的。

自從劉備奪取荊州、南郡、襄陽三地後，孫權便開始對劉備警惕起來。

如今，武陵、長沙、零陵、桂陽四郡都已落入劉備手中，劉備實力陡增，隱然成為一方諸侯，更令孫權寢食不安，便命令周瑜加緊攻打江陵，好騰出兵力應對劉備。

如此又近一年，周瑜終將江陵、江夏收歸東吳，於是孫權開始思考奪取荊州的計劃。

這一年冬天，劉備的甘夫人在荊州病逝，留下一個虛齡三歲的阿斗。

消息傳來，周瑜興奮異常，對魯肅說，吳侯欲得荊州，這就是天大的良機。周瑜建議孫權假意將妹妹嫁給劉備，待他來迎娶時便拿下他，以奪回荊州。

不料，孫權之母吳國太在甘露寺接見劉備時，對他滿意有加，立即許諾將女兒、孫權之妹婚配給劉備。

這樣一來，計謀不逞，卻弄假成真，反而使孫權失了親妹，劉備則當上了吳國太的乘龍佳婿。

周瑜一計未成，又生一計，打算用新婚拖住劉備，讓他在溫柔鄉中消磨豪氣。

劉備在江東確實也墜入了溫柔鄉，不思進取。趙雲相當著急，於是施計讓劉備帶夫人回荊州。

途中，孫權等人窮追不捨，張飛、諸葛亮等人出手相救，再加上孫夫人自小習武，兩人最終順利返回。

在人的一生中，經常會遇到要為了成功而戒掉誘惑的情況。我們必須不斷地克制自己的慾望，權衡輕重得失。如果不懂這個道理，後果將不堪設想。

我們害怕失去既有的社會地位、豐厚的收入、漂亮的辦公室

以及握在手中的權力，而放棄新工作的挑戰，寧可守著一份不喜歡的工作，虛度數十年的光陰。

生命越是往前走，就聚積越多的包袱和負擔──財產、名位、習慣、人際關係、應該做的、必須做的……不斷地增加，於是你更加依戀熟悉的一切，捨不得放下。

害怕失去擁有的一切，多少人都不願意冒險，恐懼突破，不敢離開那種一成不變的生活，以致平凡無趣地過完一生。

史玉柱研究所畢業後便出社會工作。

他第一次創業是一九九二年，成立巨人高科技集團，註冊資金一·一九億人民幣。三年後，他靠著中文軟體和硬體躋身福布斯中國富豪榜，是唯一以高科技起家的企業家。

後來，他開始籌建三十八層的巨人大廈。這時候，他卻失去以往的冷靜自持，被外在的功利誘惑吸引，多次修改大廈的設計方案，樓層由三十八樓變為七十層樓，號稱當時中國第一高樓，所需資金超過人民幣十億元。

但由於大廈的方案不成熟，最終以失敗告終，巨人集團也因背負巨額債務土崩瓦解。

雖然遭遇了重大挫折，但史玉柱仍然把握中國科技業蘊藏的巨大商機。

二〇〇四年，他重返IT業，在抵制住外來誘惑後，憑藉自己創建的網路遊戲服務「征途」大獲成功。因此，他也成為中國最具傳奇色彩，同時也是最難以預測的企業家之一。

創建不到三年，巨人網路發展成中國第五大網路遊戲提供商。

此時，中國網路遊戲市場的年產值達到了八·一五億美元，而且有望繼續以倍速增長。

　　征途網運營的網路遊戲，包含了很多不同尋常的內容，從某種程度上講，這些遊戲是為成年人量身定做的，它不針對傳統意義上的核心遊戲玩家，也就是青少年。

　　根據市場研究公司IDC公佈的資料，《征途Online》是二〇〇六年中國最熱門的網路遊戲，而這還只是它投入商用的第一年。

　　如果經商也是一場遊戲，那麼史玉柱可說是玩得有聲有色，表現可圈可點。

　　從被誘惑到抵制誘惑，史玉柱最終還是成功了。

　　一位美國工程師到蘇聯休假旅行，美國人到外地渡假，這本來是很平常的事，但是他偏偏在美國空軍公司工作。

　　有一天，在哈爾科夫的一家餐館裡，他遇到了一位漂亮的金髮少女，兩個人愉快地談了起來。很快地，他們變得非常熟悉，並約好第二天晚上共進晚餐。

　　第二天，兩人在一個公園餐廳裡吃完飯後，少女領他通過一條黑暗狹窄的小道來到圓形劇場旁。

　　兩人在長凳上熱烈地擁抱，就在工程師忘我的時候，少女突然用俄語大聲喊叫。隨著喊叫聲，樹叢中立刻跳出十幾個人，同時閃光燈閃爍個不停。工程師還沒明白發生什麼事，就以強姦未遂罪被逮捕。

　　一名軍官告訴他，如果他認罪，就只判三至八年刑；如果不認罪，將有六至十年的刑罰等著他。工程師當然也不笨，一直要求美國大使館派人來，軍官卻說必須等到判決之後才會通知美國大使館。

　　美國工程師被關進了單人房，在孤立無援和嚴酷的恫嚇下，他最終屈服，答應「合作」。

　　三天後，他被帶到莫斯科，軟禁在一家旅館裡。整整六天，他被迫向蘇聯透露美國空軍的研究，甚至強迫他宣誓當蘇聯間諜，約定第二年十二月在墨西哥接頭。

　　毫無疑問，這是蘇聯定下的計謀。那個少女，就蘇聯政府安排的特工。工程師抵擋不了誘惑，最終被迫屈服，成為叛國賊。

　　哲學家柏拉圖說：「就一個人而論，最重要與最大的勝利是征服自己，最可恥、最卑鄙的莫過於被自己的私欲征服。」

　　這就是很多人失敗的根源。

　　主觀感受會帶來誘惑，而誘惑則會影響判斷。「厚黑」的「黑」，撇開字面上的意思，深入解釋，就可以看做是要人摒除情感，以理智客觀看待事情，不被感情甚至是慾望影響。

　　可以這麼說，一個人，尤其是身在商場上的人，心要是不夠「黑」，很容易就會失去中立與冷靜，無法正確做出決斷。商場情勢險惡多變，一步錯，步步錯，要是一個不小心，最後弄得自己全盤皆輸，這也是可以想像的。

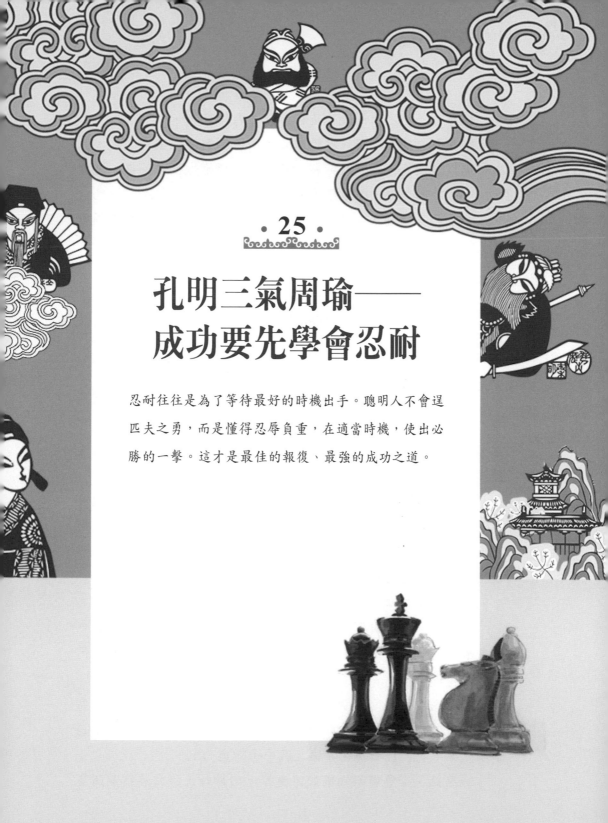

· 25 ·

孔明三氣周瑜——
成功要先學會忍耐

忍耐往往是為了等待最好的時機出手。聰明人不會逞
匹夫之勇,而是懂得忍辱負重,在適當時機,使出必
勝的一擊。這才是最佳的報復、最強的成功之道。

　　諸葛亮第一次氣周瑜，是在赤壁之戰結束後。

　　當時孫劉聯軍大勝，曹操敗走，兩邊都想奪取荊襄之地。因為劉備沒有領地，急欲取荊襄為基業，而孫權也欲取荊襄，這樣可以全據長江之險，與曹操抗衡。

　　劉備和孔明提兵屯於油江口，準備奪取荊州。周瑜見劉備屯兵，知道他有奪取荊州的意思，便親自赴油江與劉備談判，而且打定主意，若是談判破裂，就先打劉備，再取南郡。

　　劉備在孔明授意下，允諾只有當東吳攻不下南郡時，自己才會出兵取南郡。但其實他很憂心，怕東吳攻下南郡之後，自己就沒了安身之處。

　　諸葛亮卻安慰他，並說荊襄之地必能奪得。

　　曹操雖然敗走，卻留下了猛將曹仁守南郡、心腹夏侯惇守襄陽，貿然出兵仍有相當的難度。周瑜在攻打南郡的時候，也確實付出了慘重的代價，吃了好幾次敗仗，甚至中了毒箭，終究還是將曹仁擊敗了。

　　當他來到南郡城下，準備進城的時候，卻發現城池已被趙雲襲取。這時，又有探馬來報，荊州守軍和襄陽守軍都被諸葛亮用計調出，城池已經被劉備奪取。周瑜十分憤怒，不禁大罵：「不殺諸葛村夫，怎息我心中怨氣！」

　　諸葛亮第二次氣周瑜，是在劉備取了荊州之後。

　　周瑜要魯肅去質問，劉備卻狡辯，荊州是劉表的地盤，如今劉表雖然死了，可是他兒子還活著，做叔叔的輔佐侄子取回自己的地盤是理所當然。

　　但不久，劉表之子劉琦死了。魯肅再去質問時，孔明又一席強辯，說劉備是皇族，本就該有土地，劉備是劉表的族弟，這是弟承兄業，更何況劉備在赤壁之戰中也曾盡力。

　　一席話，令魯肅不知道如何應答，到最後，終於答應荊州暫

時借給劉備，但取了四川就必須歸還，還立下了文書。

此時，劉備夫人已去世，周瑜便鼓動孫權用嫁妹之計，將劉備騙往東吳謀殺之，繼而奪取荊州。不料，此計被諸葛亮識破，便將計就計讓劉備與吳侯之妹成了親。

當歲末年終，劉備又採信諸葛亮之計，帶著夫人幾經周折離開東吳。周瑜親自帶兵在後頭追趕，卻被關羽、黃忠、魏延等將追得無路可走。蜀國岸上的軍士齊聲大喊：「周郎妙計安天下，賠了夫人又折兵！」把周瑜氣得箭傷復發。

諸葛亮第三次氣周瑜是在此之後。曹操為了瓦解孫劉聯盟，表奏周瑜為南郡太守，程普為江夏太守。周瑜再遣魯肅去討荊州，諸葛亮還是不願意還。

周瑜設下「假途滅虢」之計，名為替劉備打四川，其實是想要奪取荊州，沒想到又被諸葛亮識破。周瑜上岸不久，就有幾路人馬殺來，說要「活捉周瑜」。周瑜氣得箭傷再次復發，昏沉將死。臨終前，他寫了一篇書信給孫權，推薦魯肅代己之職，死前還忍不住仰天長歎：既生瑜，何生亮！

「忍」，是相當重要的人生智慧。更可以說是一種心法、涵養，以及美德。別它當成是怯懦的表現，應該看作是身為強者應有的胸襟。

忍一時，能積蓄力量，以靜制動，後發制人。而且過程中，更能讓人退一步思考自己，完善自己。忍耐往往也能顧全大局，使得事業順利。另一方面，也能幫助你與人為善，化解、消除各種矛盾和不利因素。

綜觀歷史，成就大事的那些人，莫不看重並努力實踐「忍」這個字。

「容忍」在交際中是一門學問，不要輕易為別人的不是或失

誤而大動肝火，這也是修身養性的一項重要內容。

　　成大事者必須學會忍讓，美國總統華盛頓也曾靠著忍讓化敵為友。

　　當時華盛頓還是上校，有一個名叫威廉·佩思的人反對華盛頓所支持的候選人。

　　他們在關於選舉的某個細節發生了激烈的爭論，華盛頓說了一些冒犯佩思的話，佩思一怒之下，一拳將華盛頓打倒在地。華盛頓的部下馬上衝過來準備替長官報仇，他立即加以阻止，並勸他們返回營地。

　　第二天一早，華盛頓遞給佩思一張便條，要求他到當地的一家小酒館去。

　　佩思依約前來，做好決鬥的準備了。

　　但令他驚訝的是，華盛頓竟站起來迎接他，並笑著伸出手來。

　　「佩思先生。」他說：「犯錯誤乃人之常情，糾正錯誤是件值得光榮的事。我相信昨天是我不對，你也已經在某種程度上得到了滿足。如果你認為這件事情可以到此為止的話，那麼請和我握握手，我們交個朋友吧！」

　　從此以後，佩思成為一個熱烈擁護華盛頓的人。華盛頓良好的品格，也幫助他成就了事業。

　　有一次，某汽車輪胎公司的經理肯特在酒館飲酒，無意中碰撞了一位喝得酩酊大醉的年輕人。

　　醉漢借酒裝瘋，與肯特大打出手。

　　事後，肯特從店主那裡得知，那個人發明了一種能增加輪胎強度的方法，而且也拿到了專利。但是，他找了好幾家生產汽車

輪胎的廠商，要求他們購買他的專利，卻都碰了壁，甚至被這些公司視為異想天開。他感到懷才不遇，整日憂鬱不樂，才來這裡借酒消愁。

得知這些情況後，肯特不但不介意這位青年失禮的舉動，還決定聘請他來自己的公司做事。

有天早晨，他在工廠門口等到這位年輕人，但年輕人卻一副心灰意冷的樣子，不願提起他的發明，沒有理睬肯特，逕自走進工廠工作。

肯特一直等在工廠的大門口。直到中午，工人下班了，卻依舊不見那人的蹤影。有人告訴肯特，年輕人做的是按件計酬的工作，上下班沒有固定的時間。

天氣很冷，風也很大，但肯特一直沒有離去，就這樣從早上八點一直等到下午六點。年輕人終於走出廠門，他一見到肯特，便爽快地答應與他合作。

原來午飯時，年輕人山來看到肯特等在門口便轉身回去了。後來他知道肯特一整天不吃不喝，在寒風中等了他近十個小時，這才動心。

肯特聘請到年輕人之後沒多久，便推出新的汽車輪胎產品，很快地打入競爭激烈的市場。

忍一時之氣、忍一時之辱，不僅能使自己修身養性，建立良好的人際關係，而且還能避禍躲災，不引起他人的猜疑。

「忍」是人與人之間建立和諧關係的要素。與人相處要能「忍」，求人成事更需要有「忍」的精神。

培根曾經說過：「人不可像蜜蜂那樣，將自己的生命注入在對敵人的一螫中。」

莎士比亞也說：「小事不忍遭大禍。」

可見，在社會競爭中，善於求人者，學會忍耐是很重要的。

小不忍則亂大謀。要想成就一番大事，一定要熟諳「忍」字的精髓。

在人生戰場上，忍耐往往是為了等待最好的時機出手。聰明人不會逞匹夫之勇，而是懂得忍辱負重，以求最後的勝利。

臉皮厚一點，不輕易表露情緒，受到的傷害通常也少一點。不讓情緒主宰行動，這也是「厚黑」強調的重點之一。

即使是遇到忍無可忍的狀況，依舊要低調再低調，收斂起鋒芒並養精蓄銳，才能在適當時機，使出必勝的一擊。這才是最佳的報復、最強的成功之道。

• 26 •

關羽水淹七軍——
借力使力，才能無往不利

聰明的人就懂得借力使力，靈活運用周遭環境。不管是人、事、時、地、物，只要有助於成事，當然都可以巧妙利用。

公元二一九年，劉備在他手下一批文武官員的擁戴下，自立為漢中王。

按照諸葛亮早已設計好的戰略，劉備將從兩路攻擊曹操。這一次，西面的漢中打了勝仗，趁這個勢頭，劉備準備再從東面的荊州直接攻打中原。

鎮守荊州的是大將關羽。劉備命令關羽進攻，關羽派兩個部將留守江陵和公安，自己親自率領大軍進攻樊城。

樊城的魏軍守將曹仁立刻向曹操求救。曹操派了于禁、龐德兩名大將率領七支人馬前去增援。曹仁讓他們屯兵在樊城北面的平地上，和城中互相呼應，使關羽無法順利攻城。

正當雙方僵持不下的時候，樊城一帶下了一場大雨，漢水暴漲，平地的水高出地面一丈多。于禁的軍營紮在平地上，四面八方大水沖來，把七軍的軍營全淹沒了，于禁和將士們不得不泅水找個高地避水。

關羽早就抓住于禁在平地上紮營的弱點，趁著大水，安排好一批大小船隻，率領水軍向曹軍進攻。他們先把主將于禁圍住，將他困在漢水中的一個小土堆上。于禁眼看無路可退，只能垂頭喪氣地投降。

龐德則帶了另一批兵士避水到一個河堤上。雙方從早上打到中午，又從中午打到午後。

這時候，大水越漲越高，堤上露出的地面越來越小，關羽水軍的大船進攻得更加猛烈，曹軍的兵士紛紛投降。龐德趁這亂哄哄的時刻，帶了三個將士，從蜀軍兵士中搶了一艘小船，想逃到樊城去，不料卻被周倉的大筏撞到水中，關羽水軍立即趕上去把他活捉了。

藉著這場適時的大雨，關羽消滅了于禁、龐德的七軍，乘勝進攻樊城。

商場的環境不斷變化，其中雖然有不少陷阱，但也有許多商機，商人要有駕馭這種大格局變化的能力，抓住變化帶來的機會，從容應對出現的挑戰，巧借「天時、地利」獲得成功。

想要成功，只憑藉自身的努力是遠遠不夠的，還要懂得借助「環境」。

眾所周知，做好一件事必須依靠天時、地利。從企業經營的角度來說，地利指的是選對企業的定位，充分利用當地的優勢，提高市場競爭力；天時則是指大的社會、制度環境變化給企業生存和發展帶來的機遇和挑戰。

就算是個人，也要學會怎樣才能更好的借助天時地利，匹夫之勇、單打獨鬥，已經是落後的觀念了。

日本當代著名商人藤田出生在大阪，在日本東京大學法學院求學期間，開始接觸到猶太人的一些經商法則。

一九五一年，藤田大學畢業後，在東京豎起「藤田商店」的招牌，按照在聯軍總部打工時學到的猶太人經商法則，獨立地向商場邁開了第一步。

藤田的第一筆買賣，是戰後堆積在倉庫裡的沙包。

沙包在和平時期如同廢土。有一次，藤田偶然獲悉某公司裡有堆積如山的沙包閒置著。這些毫無用處的沙包堆在倉庫裡，而且還要定時繳納保管費，讓這間公司傷透了腦筋。

甚至有消息傳出，他們似乎願意分文不收，只要有人肯把這些沙包帶走就行。

聽到這個消息以後，藤田敏銳地意識到這是一個賺錢的好機會，他馬上和這家公司取得聯繫，表示願意免費幫他們清理倉庫。

面對他的熱情和誠意，公司負責人卻語氣委婉的表示，希望

向藤田收取每包至少五到十元的金額。

藤田明白對方怕吃虧的心理，做了讓步，以每包五元成交，總價值六十萬元，共計十二萬包。

簽了協議之後，藤田立即和當時殖民地陷入混亂的某國大使館取得聯繫，他知道他們一定很需要這些特殊商品。果然，該國大使對此表現出極大的興趣，雙方很快達成協定，沙包以市場標準價成交，藤田淨賺了一大筆錢。

利用猶太人經商法則，空手套白狼，藤田旗開得勝，初次嘗到了甜頭。

之後，藤田的生意不斷擴大，很快在東京有了名氣。

藤田發現，猶太人經商只將商品分成兩種：「女人」和「嘴巴」。所謂「嘴巴」生意，就是「經營用嘴巴的生意」，例如蔬菜店、魚店、酒店、雜貨店、米店、點心鋪及水果店等都屬於此類，與此相關聯的或相配套的飲食店、餐廳、酒吧、夜總會也在範圍內。

凡是經營滿足嘴巴的生意，一定會有利潤，因為這些「進口」的東西當天就被消費掉變成廢棄物，甚至數小時後，又會再需要同類的東西。

這個原則是周而復始，不會改變的。

於是，藤田和一個美國人合夥，各出資一半，在銀座開設了一家肉餡麵包店，由藤田擔任董事長。

藤田是個精明的商人，不會盲目地意氣用事。經過研究，他發現日本雖然是一個食米國，但白米的消費量一年比一年減少，這點從數字上就可以看出來。時代不斷變化，以米和魚為主食的日本人將會漸漸接受麵包和肉做成的食物。

肉餡麵包店剛開業的時候，每天的收入是十五萬日元。業績好一點的日子，甚至可以賣到二十五萬日元。

藤田原先預設一天能賣四千份，一份八十日元，四千份就是三十二萬。然而，出乎藤田意料的是，肉餡麵包生意相當好，有一天竟突破了一百萬的記錄。

後來，藤田曾回憶，來買肉餡麵包的顧客，一天有一萬人以上，跟肉餡麵包一起出售的可口可樂，一天可達六千瓶。連舉世聞名，標榜絕對不會故障的瑞典金錢電腦，但在開業不到幾天就壞了，修理人員十分驚訝：「這種機器用得最兇的是超級市場，平均每五秒鐘就使用一次，沒想到你這裡竟然兩秒半就用一次，當然會壞！」

通常來說，五千平方公尺左右的飯店，一年大約可以收入一千萬到一千五百萬左右，可是藤田的麵包店一年卻賣到三億日元以上，由此可見它的銷路之好。

因為顧客太多而且絡繹不絕，買了東西都無法在店裡吃，幸虧麵包店對面是一條寬廣的馬路，買了麵包的人馬上可以走出去。尤其是到了禮拜天，街道變成了步行區，整條街成了廣場，顧客可以隨意站在那裡享用美味的肉餡麵包。而這塊地段，是日本地價最高的地方，藤田不必付出任何租金。

在那個背景特殊的年代，美國人在日本停留的時間較長。按藤田的說法，許多美國人遠離家鄉，他們對肉餡麵包「難免有種鄉愁般的感覺」，所有的回頭客中，百分之十都是美國人，這種活廣告的作用是日本人所無法取代的。

藤田賣肉餡麵包的店鋪從開門到打烊都人滿為患，因為肉餡麵包分量足，當做三餐均可，也可以當成點心。父母帶孩子上餐廳吃飯，花了一千日元可能還無法填飽肚子，可是在麵包店只要八十元就能吃飽。

同時，肉餡麵包攜帶方便，開車也能吃，相當方便、快捷，具有現代化的特徵，符合流行時尚，這也是它銷路好的原因之一。

在銀座取得成功以後，藤田開始著手在全國建五百家分店。身為「肉餡麵包大王」，他的眼光和膽識被人們廣為稱道。

日本是一個島國，資源短缺，需要從外國購買資源，而澳洲擁有極其豐富的資源。日本想要購買澳洲的鋼和煤，澳洲卻不愁找不到買主。按道理，在這場較量中，澳洲居於主動地位，但由於日本人相當善於利用大環境，反而使澳洲商人敗倒在日本商人的手下。

知道澳洲人過慣了舒適的生活，對日本的生活環境很不適應的日本人，故意把澳洲的談判者請到日本去談生意。結果，澳洲人一到日本，就表現出拘謹和急躁的情緒，剛過幾天就急著回去，中了日本人的計謀。

在談判過程中，日本談判代表完全掌握了主動權，不慌不忙地討價還價。最後，日本僅僅以少許的款項，就取得了按照常規難以取得的利益。

有趣的是，在埃及和以色列關於西奈半島爭端的談判中，美國也運用了類似的方法。當時的美國總統卡特為了使中東和平談判能夠早日成功，故意將談判的地點選擇在環境糟糕，生活單調、枯燥，令人厭倦的大衛營。

在那裡，大家每天只能在僅有的三部電影中任選一部觀賞，作為調劑。到了第六天，每個人每部電影至少看過兩次，人人都感到相當厭煩。

最後迫不得已，和平條約簽定了，反正簽約不致於影響自己的前途，埃及總統薩達特和以色列總統貝京立即簽字離開了那個鬼地方。

卡特的一番良苦用心，換來中東和平談判的圓滿成功。以色

列歸還埃及的西奈半島，埃及也將西奈半島劃為非軍事區。

利用枯燥的環境使對方失去耐性，讓對方在情緒不安中答應自己的要求，這著實不失為不是一個好辦法。

所謂「不靠外力，只靠自己」的成功方式，最多不過滿足了自己的虛榮心，實際上卻是選擇了一條吃力且不討好的路。不容易成功不說，也十分不符合現代人講求效率的原則。

聰明的人就懂得借力使力，靈活運用周遭環境。不管是人、事、時、地、物，只要有助於成事，都可以巧妙利用。

不只如此，還要懂得隨著情勢變化，靈活變換策略。計謀是死的，但人是活的，懂得隨機應變，機動出招，這就是厚黑法則最上乘的應用！

·27·

關羽刮骨療傷——
高風險必有高回報

要想有卓越的結果，就要敢冒風險。從厚黑的角度來
解釋，就是「賭徒精神」。只要多具備一點點的冒險
心，找對機會好好賭一把，所得的收穫往往會超出預
期許多！

關羽在揮軍攻打曹兵時，被一枝飛箭射中，餵了毒的箭刺穿他的左臂。眾將請關羽班師回荊州調治，關羽不肯答應，不願因為個人的小小傷痛，而誤了軍國大事。

後來，他的傷口雖然癒合了，但是每到陰雨天，骨頭常常疼痛難忍。

眾人只好四處訪尋名醫。一日，來了一個自稱華佗的醫生，他說聽聞關羽中了毒箭，特來醫治。

這時，關羽的右臂痛得厲害，正和馬良下棋分散注意力，以免自己露出痛苦的表情而亂了軍心。

華佗看了關羽的箭傷，說道：「箭頭有毒，毒已滲入骨裡，應當切開臂膀重新治療箭傷，刮掉滲入毒藥的骨頭，完全除掉毒藥，這樣病才能根除。你的手臂若再不治好，恐怕就要廢了！只是，治的時候要把手臂牢牢綁在柱子上，就看你怕不怕了。」

關羽聽了，笑說自己不是世間俗子，不怕痛，更不用把臂縛在柱子上；並命人先送上食物，對華佗說：「先生遠道而來，請先用酒菜！」

關羽陪著華佗吃了一會，便伸出右臂：「請現在就動手，我照樣下棋吃喝，請先生不要見怪！」

華佗也不再說什麼，取出一把尖刀，請人在關羽的臂下放了一個盆子，看準了位置，下刀把關羽的皮肉割開。

見關羽吃喝如常，談笑自若，華佗氣定神閒的說：「我用刀把君侯骨頭上的毒刮走就好了！」

華佗的手法嫻熟，話剛說完，手上的刀子已經在關公手臂的骨頭上來回刮，還發出悉悉的聲音，流出的血也幾乎注滿了整個盆子。

將士見到這個情境，都掩面失色，唯獨關羽仍繼續下棋吃喝，面不改色。

不久，華佗把毒全刮走，敷上藥，並把傷口縫合。

關羽大笑起身，對眾將說：「這隻右臂伸展如故，一點都不痛了。先生果然是神醫！」

華佗也笑說：「我身為醫生，從沒見過像你這麼神勇的人。君侯必定是天神下凡！」

關羽見箭傷已經治好，便拿出黃金百兩酬謝，並設席款待華佗。華佗卻婉拒了：「我聽說君侯高義薄雲天，特來醫治，怎麼能收此重酬？」他堅持不受酬金，只留下藥一帖，讓關羽敷在傷口上，便辭別而去。

一般情況下，強者之所以能成為強者，就是因為他們敢為別人所不敢為。走運的人多半都是大膽的，都有一顆冒險的心；膽小怕事的人往往最不走運。

雖說幸運可能會使人產生勇氣，但反過來說，勇氣也會幫助你得到好運。

十九世紀八〇年代，約翰・洛克菲勒以他獨有的魄力和手段，控制了美國的石油資源，這其中的決定性因素，正是他在創業過程中磨礪出來的預見能力和膽識。

在與合夥人爭購安德魯斯・克拉克公司股權的過程中，洛克菲勒表現出非凡的冒險精神。

這筆拍賣從五百美元開始，洛克菲勒每次都比對手出價高，當標價達到五萬美元時，雙方都知道，價格已經大大超出石油公司的實際價值，但洛克菲勒仍執意買下這家公司。對方最後出價七・二萬美元，洛克菲勒毫不遲疑出到七・二五萬，最終拿到他要的股權。

在其他人不敢冒險的時候，他經營的標準石油公司在激烈的

市場競爭中，依舊沒有停止冒險。

當時有人發現了一個新的大油田，但從該油田開採來的石油含碳量過高，無法使用，被稱為「酸油」，沒人能找到有效的辦法提煉它，只能任它荒廢。

但洛克菲勒堅信這個油田有著潛在的巨大價值，執意要買下它。他的建議遭到董事會多數人的堅決反對，洛克菲勒卻完全不為所動，甚至說要自己一個人出錢買下這個油田。

洛克菲勒的決心終於迫使董事們同意了他的決策。結果，僅用了兩年多的時間，洛克菲勒就找到提煉「酸油」的方法。隨後，標準石油公司在那裡建造了全世界最大的煉油廠，盈利迅速增至數億美元。

董事會的成員們不得不承認，洛克菲勒確實比所有人都看得更遠，並擁有更強烈的冒險意志。

只有善於抓住機會並且俱備冒險精神的人，才會獲得事業上的成功。

不過，「大膽」並不同於「魯莽」，事實上，二者有著本質上區別的。

假如你把一生的儲蓄孤注一擲，做了引人注目的冒險行動，那麼，在這過程中你有可能會失去所有的東西，這就是魯莽輕率的舉動。如果你因為要踏入一個未知的世界感到恐慌，然而你還是接受，這就是大膽。

有些人很聰明，但對不測因素和風險看得太清楚了，反而不敢冒一點險，結果聰明反被聰明誤，永遠不能再上一層樓。

如果能從風險的轉化和準備上多做計劃，風險並不可怕。

要知道，冒險與收穫常常是結伴而行的，險中有夷，危中有利。要想有卓越的結果，就要敢冒風險。因為冒險通常可以帶來

意想不到的效益。

從厚黑的角度來解釋，就是要有適度的「賭徒精神」。

「賭」，不見得會帶來不好的結果。最重要的，是要做足功課，盡可能掌握各項資訊，才能贏得妥當。

市場瞬息萬變，商場上的任何決策，多數時候就像是場賭局。依憑經驗，對局勢的敏銳分析跟觀察，至少可以算出成敗的機率以及後續種種可能。風險越是不可預期的大，獲利往往也會高出預料中許多。

但很多人還來不及考慮，就只想著後果將有多可怕，因而喪失了大好機會。

事實上，只要多具備一點點的冒險心，抓準時機、找對機會，好好賭一把，所得的收穫往往會超出預期許多！

· 28 ·

三日不見，刮目相看——
不能停止學習

人必須要經常保持的危機意識，督促自己時時磨利手中的刀，才不至於任人宰割。知識就是力量，擁有比別人更多的知識與資訊，甚至能讓你有掌控局勢的主動權。

大家熟知的成語當中，「吳下阿蒙」和「士別三日刮目相看」的主角，都是三國名將呂蒙。

呂蒙少年時即隨姐夫鄧當渡江。鄧當是孫策的部將，因此呂蒙十五六歲的時候便隨軍出征。但他沒有什麼學識，魯肅覺得沒什麼可取之處，長久以來都不怎麼瞧得起他。

後來，孫權力勸呂蒙和蔣欽，既然身居要職、掌管國事，應當多讀書使自己不斷進步。

呂蒙卻推託軍營事務繁多，恐怕沒時間讀書了。

孫權耐心地說：「我要求你們鑽研經書了嗎？只不過是叫你們多瀏覽些書籍，瞭解歷史往事，增加見識罷了。再說，你們誰的事有我多？我年輕時就讀過《詩經》、《尚書》、《禮記》、《左傳》、《國語》。自我執政以來，又仔細研究了『三史』（《史記》、《漢書》、《東觀漢記》）及各家的兵法，實在大有收穫。」

「像你們二人，思想氣質穎悟，有心學習的話，一定有所收益，怎麼可以不讀書呢？應該先讀《孫子》、《六韜》、《左傳》、《國語》以及『三史』。孫子曾經說過，整天不吃、整夜不睡地空想，沒有好處，還不如學習。東漢光武帝擔任著指揮戰爭的重擔，但仍然手不釋卷。曹操也說自己老而好學。為什麼偏偏你們不能勉勵自己？」

呂蒙從此開始學習，專心勤奮，他所看過的書籍，連那些老儒都趕不上了。

魯肅繼周瑜掌管吳軍後，上任途中路過呂蒙駐地，呂蒙擺酒款待他。

魯肅還是以從前的眼光看待他，覺得呂蒙有勇無謀。但在酒宴上縱論天下事時，呂蒙說得頭頭是道，很有見地，其中不乏真知灼見，使得魯肅很震驚。

酒宴過後，魯肅感歎道：「現在你的學識這麼好，既有勇又有謀，再也不是昔日的吳下阿蒙了。」

呂蒙道：「士別三日，當然應該另眼看待呀！」

之後，他還為魯肅籌劃了三個方案，魯肅非常感激地接受了。周瑜死後，他繼任了東吳的都督，打敗關羽，甚至派部將潘璋殺了關羽。

學習是人生中最重要的投資，是一項伴隨終身的最有效、最划算、最安全的投資，任何東西都比不上它。

古人尚且懂得「良田萬頃，不如薄技在身」的道理，遑論時刻身處淘汰危機的現代人？

富蘭克林曾經說過：「花錢求學問，是一本萬利的投資，如果有誰能把所有的錢都裝進腦袋中，那就絕對沒有人能把它拿走了！」

許多人仍未能擺脫落伍觀念的束縛，總覺得學習是學校裡的事，走出校門後就不需要繼續學習了。

多數成年人花幾千塊買一件衣服一點都不嫌貴，但要從錢包裡掏出幾百塊錢買本書反而覺得不能承受。許多人往往捨得在子女身上進行教育投資，卻忽視了對自身的學習投資，重點只放在食衣住行。

很早以前羅曼·羅蘭就曾說過：「成年人慢慢被時代淘汰的最大原因不是年齡的增長，而是學習熱忱的減退。」

確實，如果你始終保持學習的熱忱，在走出校門後仍繼續學習，終身學習，就能獲得成功。

商人吳火獅出身於雜貨店，很小的時候他便立下了遠大的志向。

年紀漸長後，他獨身闖蕩台北，從做學徒開始，學會了紡織技術。雖然他的學歷只有小學程度，卻敢在二十歲那年開設布行，擔任經理。

抗戰勝利後，吳火獅與大陸從事貿易往來，慢慢發跡，不久創立了新光集團，經營紡織與保險業，成為身價高達數十億美元的富人。

在商界，他以勤學苦幹、不斷進取而著稱，最感人的是，就是他經商一生，同時也苦學一生。

吳火獅常告誡下屬：「做人應該實實在在、說到做到，人無情不立……我一向主張『維持現狀，便是落伍』。」

從這幾句話便可以看出他之所以能夠成功，不外乎掌握三件事：老實做人、信守誠信，重要的是不斷創新。

由於他在經濟管理方面有著超凡的成績，美國聖若望大學特別頒贈「名譽商學博士」學位嘉獎他，名望之高冠蓋當時。

一個只有小學學歷的小商人，最後竟能成為世界著名的工商企業家，可以說，正是勤苦好學的精神，才造就了往後功成名就的他。

要想讓人刮目相看，就必須充實自己，而且必須是永不停止的充實自己。經過一段時間之後，量的積累會導致質的變化，產生由內而外的改變。

很多人常以為自己已經懂得夠多，維持現狀就足夠了，不必再浪費力氣吸收新的知識。但實際上，原地踏步就等同退步。當別人不斷前進的時候，你卻止步不前，兩者的距離越拉越遠，最後只能望塵莫及。

我們一直強調，厚黑最基本的宗旨不外乎隨機應變、因地制宜（臉厚），還有理智冷靜，不被情感影響判斷（心黑）。但要

能夠支撐這兩項原則，還是得靠平時不斷吸收學習，擁有足夠的知識與經歷，才能有源源不絕的想法與創意，以便面臨狀況時做出最正確的決定。

換句話說，人必須要經常保持的危機意識，督促自己時時磨利手中的刀，才不至於任人宰割。

而這項武器，就是豐富的資訊。

知識就是力量，進一步來說，擁有比別人更多的知識與資訊，能讓你有掌控局勢的主動權。

在知識經濟時代，競爭日趨激烈，資訊瞬息萬變，盛衰可能只是一夜的事情。

在激烈的競爭中，只有不斷學習、善於學習的人，才能具有高能力、高素質，不斷獲得新資訊、新機遇，最終成功。

無論是個人還是企業，如果不能不斷地提高自己的實力，跟不上時代發展的步伐，必將被淘汰！

·29·

馬謖失街亭——
擺脫紙上談兵

口號就是口號，紙上談兵並不能幫你得到什麼、改變什麼。拿出你的執行力，透過有效的做事技巧，在關鍵時刻做關鍵的決定，說對關鍵的話，才是成功最關鍵的所在。

諸葛亮平定南中之後，又經過兩年的準備，公元二二七年冬天，帶領大軍駐守漢中。漢中接近魏、蜀的邊界，在那裡可以隨時找機會進攻魏國。

諸葛亮採用聲東擊西的辦法，趁魏軍不備，親自率領大軍，從西路撲向祁山。守在祁山的魏軍抵擋不了，紛紛敗退。蜀軍乘勝進軍，祁山北面天水、南安、安定三個郡的守將都背叛魏國，派人向諸葛亮求降。

魏明帝曹叡立刻派張郃帶領五萬人馬趕到祁山去抵抗，還親自到長安督戰。

諸葛亮到了祁山，決定派參軍馬謖攻佔街亭，並任命王平做副將。

馬謖讀了不少兵書，平時很喜歡談論軍事。諸葛亮找他商議打仗的事，他也曾出過不錯的主意，因此諸葛亮很信任他。

劉備在世的時候，曾看出馬謖不踏實，還特地叮囑諸葛亮說：「馬謖這個人言過其實，不能讓他負責大事，必須好好觀察。」但諸葛亮並沒有把這番話放在心上。

話說，馬謖和王平領命後，帶領人馬來到街亭，張郃的魏軍也正從東面開過來。馬謖看了看地形，對王平說：「這一帶地形險要，街亭旁邊有座山，正好在山上紮營，佈置埋伏。」

王平提醒他：「丞相臨走的時候囑咐過，要堅守城池，穩紮營壘，在山上紮營太冒險。」

事實上，馬謖根本沒有打仗的經驗，卻自以為熟讀兵書，根本不聽王平的勸告，堅持要在山上紮營。王平一再勸說馬謖沒有用，只好央求馬謖撥給他一千人馬，讓他在山下臨近的地方駐紮。

張郃率領魏軍趕到街亭，看到馬謖放棄現成的城池不守，卻把人馬駐紮在山上，暗暗高興，馬上吩咐手下將士，在山下築好

營壘，把馬謖紮營的那座山圍困起來。

由於張郃堅守營壘，馬謖幾次命令兵士衝下山去，都沒有成功，反而被魏軍亂箭射死了不少人。

魏軍切斷了山上的水源。蜀軍在山上沒了水源，連飯都做不成，時間一長，便自亂陣腳。張郃看準時機，發起猛烈的攻擊，蜀軍兵士紛紛逃散，馬謖要禁也禁不了，最後只好自己殺出重圍，往西逃跑。

就這樣，街亭失守了，馬謖則被依軍法關進監獄，定了死罪。

由於職業分化，高科技知識份子在現代社會中的作用、地位和收入等不斷提高，也因為我們對科技的崇拜，現代的人們對生活的期望，多半以成為知識份子為依歸。

確實，高科技在股市中強勁的勢頭，顯示了科學對世界的深刻變革，顯示了知識的力量。「知識就是力量」以及「知識就是財富」，越來越被現代人普遍信仰，成為科學崇拜的口號。

但我們必須明白，行動是思想的起點和終點，行動產生思想，思想完成行動。

盡信書不如無書。書本提供的規範，多是抽象的定律和原理，而具體的生活情境卻無限複雜，用知識指導生活，要把書本知識轉化為實際能力，也需要諸多創造性的中間環節才能達成，否則受困在知識的規範中，將使人手足無措。

過去曾有個笑話，講的是秀才怎樣才能跳過小河溝。苦惱的秀才翻開書本，只見書上寫道：「單腳起，雙腳落，一躍而過。」秀才一一照做，卻掉進河裡，這正是人們對「書呆子」的嘲諷。

單純的科學知識並不具的生產力，更不是具體的物質，唯有透過行動實踐的基礎知識，才能變成可操作的「東西」。

你吃過夾心雪糕嗎？信不信由你，這個看似稀鬆平常的發明，卻曾經為某人帶來極大的財富。

過去，美國並沒有夾心雪糕這種東西。要吃冰的話，賣冰的人就把冰挖起來，盛在紙杯內，顧客用小木棒挑來吃。

本來，這不過是微不足道的小事。天氣熱想吃冰，只要掏出錢來買，吃完把紙杯丟了就行了，哪需要動什麼腦筋？只有傻瓜才會在這上面花費心思！

可是，就有這麼個傻瓜，真的對「如何盛裝冰品」認真思考了起來。

有一天，這人買了幾杯冰品給孩子吃，忽然覺得這樣的盛裝方式對顧客來說很不方便。尤其是小孩子，常常弄得滿臉甜膩膩的，很不舒服。

他一邊替孩子們擦拭一邊想，假如把這種盛裝方式改變一下，是不是會好一點呢？如果方式改變了，對顧客，尤其是孩子們，是否會更便利一些？

於是，他的腦筋便像機器般活動起來。

可惜，他想了很久也沒想出什麼好方法來，於是他就把想法寫下來，並且抄了很多份，送給他的朋友看，請他們提供點意見。

他只得到揶揄和嘲笑。當然，其中也夾雜著誠懇的勸告，勸他放棄這個傻念頭。不過，他並沒有因此放棄，堅持自己的想法是正確的，他讓這個念頭在他的腦海中盤旋、發展，希望有朝一日能生根發芽，最終開花結果。

有一次，他到一家糖果製造廠參觀，看見人們把糖果和可可、牛奶、乳酪等配料倒進鍋裡煮成糖漿，然後倒進模型裡冷卻，就成了一粒粒巧克力糖了。要是做夾心巧克力的話，就在糖

漿倒進模型的時候，把松子或葡萄乾放進去，就成了松子巧克力或葡萄乾巧克力。

這次的參觀對他產生很大的啟示，馬上聯想到可以幫雪糕穿上巧克力外衣。

他想，巧克力如果壓得越薄，它就越容易溶化，當巧克力外衣溶化了之後，人們就可以吃到裡面的雪糕了。

至此，距離「夾心雪糕」成形終於又往前踏進了一步，只是還沒經過試驗，他不敢斷定結果會是成功還是失敗。

於是，他開始著手實驗。首先，他做了一個小模子，把巧克力糖漿倒進去，形成一層薄薄的巧克力紙，再把冰淇淋漿倒進去，外面加上一層薄薄的巧克力蓋著，冷卻後，果然變成了一件雪糕的外衣。

他興奮地把實驗成品拿給妻子看，希望她能分享他的快樂，但他的妻子卻持批評的態度。

她慢慢地說：「你把它弄成一顆球，叫人怎麼放進嘴裡吃？我看冰還沒吃完，就弄得滿手髒兮兮的了！」

確實，他吃了幾口，果然滿手骯髒，比原來的樣子還要糟。

可是，他並不灰心，雖然這一次失敗了，但他替雪糕加上外衣的概念已經實現了，問題只剩如何把這件外衣修改得更好而已。他又花了三四個月的時間，終於成功了。他的創意之作就跟我們現在吃的夾心雪糕很相像，食用相當方便。

本來，他決定自己開設一家雪糕廠製作夾心雪糕，但因資金不足，只好把這個小小的發明賣給了一家大雪糕廠，得到了一筆相當可觀的財富，成了個小富翁。

他正是因為不滿足於空想，才用行動成就了自己。

如果光是「想」，人人都可以很有創意，都有無限的可能，

都能天馬行空的發揮。甚至在空想中,每個人都是獨一無二、最偉大的成功者。如果光是說,每個人也都能說得頭頭是道,言之成理。

問題就在於,所有的成功並非光靠空想與出一張嘴說幾句話,就能夠手到擒來。

口號就是口號,紙上談兵並不能幫你得到什麼、改變什麼。

拿出你的執行力,透過有效的做事技巧,在關鍵時刻做關鍵的決定,說關鍵的話,才是成功最關鍵的所在。

必須要記住,光靠嘴上說與在腦海中憑空設想,這都是虛幻不實際的作為,只有行動才能為你帶來真正實質上的利益!

• 30 •

六出祁山——
要有屢敗屢戰的精神

想要出人頭地，就要先擁有成功者的思維，相信眼前的
失敗是成功的前導。換句話說，就是要把握「厚臉皮」
原則。失敗又有什麼關係？不過就是再來一次而已。

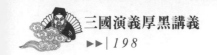

　　諸葛亮恢復與東吳的聯盟，平定南中後，準備北伐曹魏，在渭水流域多次對魏軍出兵。

　　第一次出祁山，是在蜀漢建興六年春天，諸葛亮命令趙雲等人做疑兵，擺出由斜谷攻郿城的態勢，以吸引魏軍；自己則率主力向祁山方向進攻，隴右的天水、南安、安定等郡相繼叛魏降蜀，又收服了姜維，一時關中大震。

　　不料，馬謖違背諸葛亮部署，為張郃所敗，丟了街亭；趙雲出兵也不利，諸葛亮只得退回漢中，斬馬謖、整治蜀軍。不久，天水、南安、安定三郡又叛漢附魏。

　　第二次出祁山是同年的冬天，諸葛亮趁陸遜在石亭打敗曹休，出兵散關，包圍陳倉，攻打二十多天未破，魏的援軍趕到，他不得已又退回漢中。

　　諸葛亮為孤立祁山魏軍，開闢軍資來源，於建興七年春天三出祁山，打敗曹魏的援軍，佔領武都、陰平二郡。次年，魏軍進攻漢中，諸葛亮在加強防守的同時，又增調援軍。由於連續大雨，子午谷、斜谷等道路不通，魏軍只得撤退。

　　第四次出祁山是建興九年，蜀軍包圍祁山，與魏軍統帥司馬懿正面交鋒，諸葛亮準備決一死戰了。聰明的司馬懿知道蜀軍遠來，軍糧不多，憑險堅守，拒不出戰。諸葛亮想用退兵的方法引誘敵人入陷阱，但司馬懿追趕得很謹慎，蜀軍一停，他就紮營拒守，結果不了了之。

　　到了第五次出兵祁山，諸葛亮一舉殲敵三千人，司馬懿只得收兵退回上邽。正當諸葛亮率部乘勝追擊魏軍時，中都護李嚴假傳撤軍聖旨，他只得退軍，於木門設伏張郃後還師漢中。

　　經過三年的休養生息，諸葛亮於建興十二年春天第六次出兵祁山，他率十萬大軍經斜谷口，到達郿縣，在渭水南岸五丈原紮營。司馬懿也築營阻攔，卻不與蜀軍作戰。他知道蜀軍遠道而

來，糧草運輸困難，想把蜀軍拖垮。不過，諸葛亮也有準備，在渭水分兵屯田，做好了長期戰爭的打算。

諸葛亮在這次出兵前，曾與孫權約定同時攻魏，五月，吳軍十萬攻魏，卻沒有如預期中獲得勝利，於是撤回江東，蜀軍只得與魏軍單方面周旋。

到了八月，諸葛亮終因積勞成疾，不久就與世長辭。

諸葛亮六次出兵祁山，前後長達七年之久，可謂毅力驚人。

許多企業或個人，成長歷程不一定都是一帆風順的，在成功之前，或多或少都經歷了起起落落。「起」固然好，但面臨低落他們卻也不懼怕，屢敗屢戰，這就是成功的原因。

面對失敗無所謂，但千萬不能因此膽怯，羅伯特·T·清崎曾說過：「之所以大多數人都沒有成為富人，不是因為貪婪，而是因為恐懼。如果你想致富，就需要克服自己內心的恐懼，大膽嘗試。」

年輕人最需要克服的恐懼就是對於失敗的恐懼。正所謂年輕沒有失敗，只要大膽嘗試的次數比失敗的次數多一次，就能實現夢想。

一個人如果能善於利用失敗的經驗，就能把所有的絆腳石都變成邁向成功頂峰的墊腳石，就像下面這位了不起的人物一樣。

一八一六年，他和家人被趕出居住的地方，他必須工作以撫養他們。一八一八年，他的母親去世了。

一八三一年，他經商失敗。隔年，這人決定競選州議員，但落選了。此時的他沒了工作，想就讀法學院，卻又進不去。

一八三三年，他向朋友借錢經商，但年底就破產了，他用了十六年的時間才把債還清。

一八三五年，他訂了婚，即將結婚時未婚妻卻死了。不久，他精神面臨崩潰，臥病在床整整六個月。

一八三八年，他主動爭取成為州議員的發言人，卻沒有成功。兩年後，他爭取成為候選人同樣失敗了。

又過了三年，他參加國會大選卻落選。一八四八年，他尋求國會議員連任，再度失敗。

一八四九年，他想在自己的州內擔任土地局長，但被拒絕了。一八五四年，這位先生決定出馬競選美國參議員，卻面臨了不知道第幾次的落選。

一八五六年，他在共和黨的全國代表大會上爭取副總統提名，總得票竟然不到一百張。一八五八年，他再度競選國會參議院，再度失敗。

但就在兩年後，他成功當選了美國總統。

以上是亞伯拉罕・林肯進駐白宮前的人生簡歷。顯然，他是因為一次又一次，勇敢面對失敗，終於成功了。

只要站起來比倒下去多一次，那麼成功就是屬於你的。

林肯正是因為擁有這種屢敗屢戰的精神，才成就了他的自我。

想像一下，如果一個人遭遇過十八次辭退，他還會成功嗎？

著名的電台廣播員莎莉・拉斐爾，在她三十年的職業生涯中，總共被辭退過十八次，可是她一直都沒有放棄過自己。

最初，無線電台認為女性不能吸引聽眾，沒有一家肯雇用她。她好不容易才謀到一份差事，又由於「跟不上時代」這類理由遭到辭退。

莎莉並沒有因此灰心喪氣，她總結了失敗的教訓後，又向國家廣播公司電台推銷她清談節目的構想。

電台勉強答應了，但提出要她也在政治台主持節目。她一度猶豫，但仍以堅定的信心大膽嘗試。

她利用自己的長處和平易近人的作風，大談七月四日美國國慶日對她自己有何意義，還請聽眾打電話來暢談他們的感受。聽眾立刻對節目產生興趣，她也因此而一舉成名。

後來，莎莉·拉斐爾成為民營電視節目的主持人，曾兩度獲獎，在美國和加拿大，每天有八百萬觀眾收看這個節目。

她說：「我被人辭退十八次，本來大有可能被這些遭遇嚇退，做不成我想做的事情。結果卻相反，我讓它們鞭策我勇往直前。」

梅西是一個漁民的兒子。十九歲時，他跑到波士頓碰運氣，糊里糊塗地待了一年，一事無成。後來他結識了荷頓，兩人合夥開了一家布店，生意還不錯。

不久後，梅西與荷頓的妹妹相愛，卻遭到荷頓激烈反對。荷頓認為，梅西沒有什麼能耐，卻自以為是，將來肯定不會有出息，不願妹妹跟他結婚。他以中斷合作威脅梅西不要糾纏妹妹。梅西要麼放棄愛情，要麼放棄事業。

梅西卻毫不猶豫地選擇了荷頓的妹妹。

兩人結婚後，梅西自己開了一家小店。面對荷頓對他的評價，他決定一定要做出點成績來證明自己。他的小店經營針線、鈕扣之類的商品。

一開始，他以為這些東西家家戶戶都用得上，生意一定很好，誰知實際情況卻正好相反。因為針線之類的物品消耗量太小，一般人買一包能用上一年，利潤又低，根本賺不到什麼錢。過了沒多久，他就被迫放棄了這項賠本買賣。

接著，梅西又開了一家布店。當時布匹、服裝是熱門商品，

梅西以前又有過合作開布店的經驗，認為做起來一定很順手。但實際上，以前布店的經營主要由荷頓做主，他的經驗有限，因而生意很一般，也賺不到什麼錢。

這時，美國西部正盛行淘金熱，梅西索性關掉店鋪，去加州尋找致富的機會。到了那裡，他才發現淘金實在很困難，在爭地盤的過程中還有送命的危險。於是，他放棄了淘金的打算，在舊金山開了一家店。

梅西發現，有種淘金用的平底鍋很好賣，也大量購進，並以低於別人一成的價格出售。淘金者紛紛湧入，梅西實實在在地賺了一筆錢，還從中獲得了兩條重要的經驗：抓住顧客的迫切需求，以及薄利多銷。

一年後，梅西覺得自己對經營之道摸索得差不多了，毅然把舊金山的店鋪轉讓出去，帶著一大筆資金回到麻州，在哈佛山開了一家布店。

梅西在經營上採取了多項措施，一是廣為宣傳，二是按季節時令推出新款商品，三是增加商品種類，四是明定標價。

梅西的布店最後還是失敗了，原因是哈佛山人口不多，市場太小，他那些做大生意的經營手法，用到這裡根本就是浪費，充其量不過是花錢買熱鬧而已！

從這次失敗中，他又得到了一個教訓：再好的經營方法，也不是處處適用，還要跟環境配合才行。只是這個教訓過於昂貴，他差點把老本賠光，生意也沒法做下去了。

這時，荷頓主動找上門來，想跟他合夥做生意。荷頓以前認為梅西沒能耐，沒想到他的毅力如此驚人，能在商場中折騰這麼多年。根據荷頓的經驗，一個有毅力的人，到後來無論成敗，都有一定的能力，這是他希望跟梅西合作的原因。他甚至表示，資金由他出，只需梅西出力就行。

梅西對自己的能耐也很有自信，他告訴荷頓，想到紐約去做大一點的事業，辦一家最大最好的商店，荷頓欣然同意。

就這樣，梅西來到紐約，開設了他們的第一家百貨。十年之後，梅西百貨幾乎佔了半條街。

現在，梅西創辦的公司已經成為世界上最大的百貨公司之一。

本田宗一郎曾說過：「我現在的成功完全是從過去的失敗中獲得的，我的工作就是全部失敗的連續。」

失敗是一種心態，它可以是「不行，我真的不行」，它也可以是成功的墊腳石，關鍵在於你怎樣看待它。

每個人都有失敗的經歷，只有面對失敗仍不放棄的人才能成功。反之，一次或者幾次失敗後就自暴自棄，放棄嘗試，最終只能成為失敗者。

想要出人頭地，就要先擁有成功者的思維，要有必勝的信心，相信眼前的失敗不是真正的失敗，而是成功的前導。

遇到困境時，切記，你不是沒有出路，你不是不可能成功，你只不過是一時找錯了方法而已。

換句話說，就是要把握厚黑中的「厚臉皮」原則，用來面對失敗。其實，失敗又有什麼關係？不過就是再來一次而已，只要找對方式，成功自然手到擒來。

空城計——
鎮定助你成功

兵不厭詐，不能正面對決的時候，用點小技巧「偽裝」與「欺敵」，同樣能成功避險躲災，甚至等待機會反將對方一軍！

諸葛亮錯用馬謖，失去街亭後，司馬懿趁勢帶大軍十五萬向諸葛亮所在的西城蜂擁而來。

當時只有兩千五百名軍士駐守在西城縣。諸葛亮身邊無一員大將，他所帶領的五千軍隊，一半以上都運糧草去了，只剩一班文官，眾官員聽到這個消息，個個大驚失色。諸葛亮登上城頭一看，果然塵土沖天，魏軍分路往西城縣殺來。

諸葛亮於是傳令，把所有的旌旗都藏起來，士兵原地不動，如果有私自外出以及大聲喧嘩者，立即斬首。又叫士兵把四個城門打開，每個城門上派二十名士兵扮成百姓，灑水掃街。

諸葛亮自己則披上鶴氅，戴上高高的綸巾，領著兩個小書僮，帶上一張琴，到城上望敵樓前憑欄坐下，燃起香，慢慢彈起琴來。

魏軍的前哨抵達城下，見到這種氣勢，不敢輕易入城，急忙將情況報告給司馬懿。

司馬懿立刻命令軍隊停止前進，自己飛馬向前看去。果然見諸葛亮在城樓上，笑容可掬，焚香彈琴。左面一個少年，手捧寶劍，右面也有一個少年，手執麈尾。城門內外，僅有二十餘名百姓低頭打掃，旁若無人。

司馬懿看了，懷疑城中有重兵，連忙指揮部隊撤退。

他的兒子司馬昭卻說：「莫非諸葛亮沒有多少兵力，故意裝模作樣？父親為什麼要退兵呢？」

司馬懿板著臉說：「諸葛亮平時一向十分謹慎，從不冒險。今天大開城門，必定有重兵埋伏。我們若冒險衝進去，必定中計。你們懂什麼？還不快撤！」

於是，各路兵馬都退了回去。

諸葛亮見魏軍遠去，哈哈大笑。眾官員問他：「司馬懿是魏國名將，今統率十五萬精兵來到這裡，見了丞相卻慌忙撤退，這

是為什麼？」

諸葛亮說：「他料定我平生謹慎，從不冒險，見我們這樣鎮定，懷疑有重兵埋伏，所以才打算退兵。其實，我並非是在冒險，只是無奈之下不得不這樣啊！」

大家聽後都十分佩服諸葛亮。

空城計是一種心理戰術。諸葛亮在無力守城的情況下，故意向敵人暴露自己城內空虛，這就是所謂的「虛者虛之」。敵方一旦懷疑，更會猶豫不前，正所謂的「疑中生疑」。

敵人怕城內有埋伏，怕陷進埋伏圈內，因此不敢輕舉妄動。這雖然是懸而又懸的「險策」，但最終也獲得了勝利。這也多虧諸葛亮臨危不亂、沉著鎮定，方能瞞過老奸巨猾的司馬懿。

每個人都有可能或多或少面對險境，能否成功就看夠不夠冷靜鎮定。毋庸置疑，成功的人這一點都做得很好。

就像好萊塢災難大片裡都有一個英雄人物，在危難當頭的時候頭腦冷靜、鎮定自若，總能想盡一切辦法帶領大家脫逃。也許你會嘲笑美國人的英雄主義情結。但其中傳達的「危難時刻要保持冷靜」的理念卻相當正確，因為鎮定，真的可以助你成功。

十九世紀末，俄國革命家彼得‧克魯鮑特金有一次去維也納旅行。在維也納，他購買了許多在俄國根本見不到，但革命者又偏偏極其需要的革命書籍和社會主義報紙的合訂本。

克魯鮑特金決心要將這些書報帶回俄國。當時這些東西在俄國是絕對禁止的，帶著它們通過時海關絕不可能順利。於是，克魯鮑特金找到了在波蘭和俄國邊境做走私生意的猶太人，托他們把這些違禁讀物偷偷運進俄國境內。

克魯鮑特金事先來到約定好的俄國車站，等候運書的猶太

人。月台上沙俄的憲兵來回巡視，看見可疑的人和可疑的行李就走過去搜查。克魯鮑特金很擔心自己的書籍包裹會被盤查。

不一會兒，幫忙走私的猶太人化裝成搬運工從一列貨車上抬下一大包行李向他走過來。與此同時，巡邏的憲兵也注意到了搬運工扛著的大包裹。

這時，搬運工朝克魯鮑特金大聲叫：「閣下，閣下，這是你的行李，我幫你拿來了！」

憲兵見搬運工高聲大喊，毫不介意自己在旁邊，也沒有任何心虛的跡象。同時，又聽見他喊「閣下」，立時打消懷疑，不再向前走，轉身踱了回去。

一般情況下，人們做見不得光的事，大都心情緊張，並會反映到臉色和言談舉止中。

故事中，聰明的搬運工這個時候卻做得理直氣壯、從容自然，像平常一樣，毫無心虛鬼祟、掩飾避人之態，才使得憲兵完全放鬆警惕，成功蒙混過關。

一九五六年，蘇聯領導人赫魯雪夫應邀去南斯拉夫訪問。有一天，他在南斯拉夫政府的安排下，到一處農村參觀訪問，隨行的還有一大群各國記者。

一行人乘坐汽車在公路上行駛。突然，赫魯雪夫乘坐的那輛車竟然爆胎，汽車頓時停了下來。主賓的車一癱瘓，前後所有車輛或堵或停，都橫在路邊。

在如此重大的國事活動中竟然出了這種笑話，那是多大的新聞。記者們興奮地緊盯事件發展，都想儘快對外報導。

南斯拉夫總統鐵托派來的隨行人員見此情景，急得滿頭大汗，七手八腳地搶修汽車。一行人就這麼站在路邊，包含蘇聯國

家元首和各國的記者，大家都靜靜地等待車輛修復，使得南斯拉夫方面的隨行人員更加難堪。

赫魯雪夫站在一旁，心裡非常清楚，如果就這樣等著，再讓記者們把這件事報導出去，不但會使鐵托和南斯拉夫政府極為難堪，自己也將萬分尷尬。

他靈機一動，和另一位領導人米高揚在路邊玩起摔角。兩人在眾目睽睽之下較勁，各顯絕技、拚力角逐，玩得不亦樂乎。

記者們的注意力瞬間被吸引，爭相搶拍蘇聯領導人在馬路上，像普通人一樣摔角的鏡頭。南斯拉夫的工作人員則趁機修好了汽車，一行人順利上路，訪問也沒耽誤。

第二天，各國新聞記者都向外發佈，兩位共產黨領導人在路邊進行體育比賽的消息，而那件令人難堪的汽車爆胎事件卻沒有出現在報紙上。

不管是孔明的空城計，還是赫魯雪夫的即興摔角秀，都不脫兩個原則：靈活的機智與精湛的「演技」！

無論是商場或生活，總難免會遇到突如其來的危機需要解決，這時候老老實實地硬碰硬，通常都吃力不討好。但只要善用「厚黑處世學」，用點腦筋，加點戲劇效果，就能夠輕鬆化解種種突發狀況。

兵不厭詐，當真的無法可想又不能正面對決的時候，不妨冷靜下來，用點小技巧「偽裝」與「欺敵」，同樣能成功避險躲災，甚至等待機會反將對方一軍！

·32·

木牛流馬——
創新才是王道

窮則變，變則通，沒有限制與原則，就是厚黑的基本
原則。把這點應用在企業創新上，將會讓你少掉許多
不必要的侷限，換得企業無止盡的成長與變化。

諸葛亮屢次討伐中原，因路途遙遠，為了供得上糧草，設計了人拉手推的車子，稱作「木牛流馬」。

這一天，諸葛亮命令部將帶一千名士兵駕著木牛流馬，從劍閣直抵祁山大寨，往來搬運糧草，供應蜀兵。

這時，司馬懿得到哨兵的報告：「蜀兵用木牛流馬運糧草，人不大費力，而且牛馬也不用吃草。」

司馬懿大驚，忙命令兩個部將各帶領五百名軍士，夜間伏在蜀兵運糧的必經之路，奪下數匹木牛流馬，令巧匠一百多人當面拆開，依照它的尺寸長短厚薄仿造。

不滿半月，魏軍造好了兩千餘隻。

司馬懿命令幾個部將帶領一千名軍士驅駕木牛流馬，去隴西搬運糧草，來來往往，沒有斷絕。蜀兵回報諸葛亮，說木牛流馬被搶去幾匹，諸葛亮卻說只不過費了幾匹木牛流馬，以後就可以得到魏軍的許多糧草，部下大感不解。

幾天後，部下向諸葛亮報告：司馬懿派兵駕驅木牛流馬往隴西搬運糧草。諸葛亮大喜，道：「果然不出我所料啊！」

緊接著，他命令部將王平：「你帶領一千軍士，裝扮成魏兵，星夜偷越過北原，只說是巡糧軍，直接到運糧的地方，將護糧的軍士殺散，馬上驅趕裝滿糧草的木牛流馬回來。這時，魏兵必定追趕，你們便將木牛流馬口內的舌頭扭轉，牛馬不能行動，你們拋下它們就是。魏兵趕也趕不動，牽也牽不動，抬也抬不走。我再派兵前往，你們就再回身將木牛流馬的舌扭轉過來，長驅直進，那時魏兵必定開始疑神疑鬼。」

王平領兵走後，諸葛亮又吩咐部將張嶷：「你帶領五百軍士，裝成鬼頭獸身，用五彩塗面，一手執繡旗，一手舉寶劍，身上掛著葫蘆，裡面藏些能點著煙火的東西，埋伏在山腳。待木牛流馬到時，放起煙火，一齊擁出，驅趕木牛流馬。魏兵見了，必

定懷疑你們是鬼神，不敢來追趕。」

張嶷奉命走後，諸葛亮調兵遣將，準備去接應王平、張嶷，並佈屬一些士兵去斷絕司馬懿的歸路。大家按照諸葛亮的計謀行事，果然奪來了魏軍的大批糧草。

隨著社會不斷發展，企業之間的競爭越來越激烈。能否在弱肉強食的市場中求得生存，獲得發展？其中很重要的因素，就是要及時地推陳出新，生產具有競爭優勢的新產品，不斷地滿足消費者的新需求。

創新本身就是一種生產，同樣存在著不可避免的風險，因為每一種變革必然會侵犯到既得利益集團的利益。在進行創新時，必須清楚地評估必須付出的代價。

一個鄉下的醃菜店，竟然發展成國際知名的食品加工製造商，而且全靠個人力量完成，可是經營上的一大奇蹟。創造這項奇蹟的人，就是亨利‧霍金士。

「要讓所有口味不同的人，都能吃到他們喜歡吃的食品。」這是霍金士的豪語。為達成這個理想，他經營的主要方針，一直都是「力求產品多樣性」。迎合大眾口味的產品他有，適合特殊口味的產品他也有。

「每個人都有權吃自己喜歡吃的東西，不管他的口味是多麼與眾不同。」霍金士有一次對開發新產品的部門說：「供給每個人喜歡吃的東西，是我們從事食品加工業的義務。也許有些產品銷路少，成本高，根本不賺錢，算上囤積的貨物，我們甚至還要賠錢，但還是要做。」

這種「賠錢也做」的理念，有很多人都表示反對，但幾十年來，霍金士始終未被這些反對意見左右，為該公司貨色齊全的

「金字招牌」奠定了良好的基礎。

據統計，現在「亨利食品加工工業公司」的產品種類已經超過六百種，雖然不能說掌握所有消費者的愛好，但也算是對人們口味的適應，達到了齊全的境地，不管是酸甜苦辣，消費者都能找到一兩種自己喜歡吃的。

在開發新產品方面，霍金士有一項劃時代的創造，那就是「速成食品」的研發，這是他從一次偶然的事件中得到的靈感。

有一次，他到一間農莊參加老朋友的宴會，在座有不少家庭主婦，女士們知道有位食品製造專家在座，紛紛圍在他身邊問長問短。

霍金士不厭其煩地一一回答，他覺得這是為自己產品做市場調查的好機會。因此，滿足了她們的好奇心之後，他主動向她們提問。後來，一位年輕的女士提議，如果能有一種主食，不用洗、不用烹調，像罐頭一樣打開就能吃，那就好了。霍金士立刻興奮地承諾，一定可以辦得到。

回去後，霍金士把這個構想告訴研究人員，讓他們著手研究速成食品的製造。他認為，這是他推行食品多樣性的政策中，一個極為重大的變革。

他早就看出，工業越發達，人們的時間越寶貴。因此，日常生活中的用品也就要越簡便省時。如果速成食品能夠成功，必定會大受人們的歡迎。

他的推測非常正確，當速成食品上市時，的確使人有耳目一新的感覺：有用開水一沖就可以吃的通心粉，也有用開水沖泡的沙拉粉……這些新產品為每天匆匆忙忙的人帶來不少便利，雖然在口味上也許要比現做的差一點。

由此可以看出，霍金士的經營方針走的是純樸而堅實的路線，但他並不守舊，而是以不斷求新的精神，使產品走向企業化

經營的目標。

　　摩托羅拉公司在創業之初，希望能在汽車收音機領域有所發展，當時他們還叫做「高爾文製造公司」。

　　那一年，老闆高爾文決定參加不久之後將在亞特蘭大舉行的「收音機廠商協會會議」。而此時，他們製作產品的時間僅剩一個月。

　　高爾文這項毫無根據的創意激怒了許多部下，甚至有員工這麼評價：「他如果不是個瘋子，就一定是個混蛋。」

　　高爾文則督促自己和員工們更加努力的工作，他們開始在高爾文的汽車上裝配收音機。畢竟，如果這個裝置不能運轉，那高爾文就只能扛著收音機去亞特蘭大了。

　　透過大家的努力，他們奇蹟般地為高爾文的汽車完成了一台可用的樣品機，比預定的工期還提前了幾天。那台裝置與目前汽車音響的靈巧度相比，雖然還相差很遠，但在汽車發動之後，它的運轉仍然十分正常，信號也極為清晰。

　　高爾文和他的妻子終於不用扛著收音機到亞特蘭大尋找市場了。因為沒有攤位，也未在收音機廠商協會任職，他們只好把車開到臨近會場的一條林蔭道上，然後邀請那些散步路過的廠商到車上參觀他的收音機。

　　高爾文還到會議廳中，和一些有興趣的廠商交談，說服他們體驗一下在車上聽收音機的感覺。雖然有不少人對此不屑一顧，可那些應邀而去的人卻紛紛表示好奇和詫異，儘管他們並不認為這種裝置有量產的前景。

　　正當高爾文為自己得到注意而激動萬分時，卻遇到一個慕名而來的人，那人竟傻乎乎地問他：「你的酒在哪？你是用汽車的後備廂釀酒嗎？」

　　高爾文的好心情霎時消失得無影無蹤。原來，他確實被注意到了，但大部分廠商卻以為他是「芝加哥的非法賣酒商人」。

　　他的妻子也深感尷尬，拉著高爾文，勸他就此放棄。

　　高爾文並未因此消沉，他依然堅定地認為汽車收音機具有廣泛且充滿前景的市場。他告訴妻子：「雖然我們這次亞特蘭大之行沒得到任何一張訂單，可是我們至少已經讓很多人知道有這麼一項新產品存在。在不久的將來，一定能夠走出困境。」

　　果然，幾天之後，他們終於接到幾張訂單，雖然數量非常少，最少的甚至只有一台，最多的也不過六台，這終究是一個有希望的開端。

　　但在「高爾文製造公司」正式決定在汽車收音機業取得發展之際，噩夢卻悄悄來臨。

　　這台被稱作「不光彩的55型」是高爾文親自設計出來的產品，但由於電力供應設計不合規格，為了確保收音機能在車內良好的運轉，就直接使用了銅絲和蓄電池連接，而沒有使用保險絲，想藉此避免保險絲產生的強烈電源交流聲。可是由於收音機功率不足，振動器緊貼變電器、通過電線，直接把整輛車燒成灰燼。

　　這場可怕的火災幾乎讓「高爾文製造公司」滅頂。先是艾奧瓦州的一位代理人將收音機安裝在車庫中的一輛車內，結果車子著火了，車庫也燒得一乾二淨。不幸的是，車庫與其他房屋相連，整排房子很快只剩下漆黑的一堆廢墟。

　　在芝加哥，安裝在靈車中的收音機著火，屍體也被燒成了灰燼，使得堅持傳統葬禮的死者家遺族大為惱火，這種損失根本連補償都不可能。

　　高爾文雖然因為現場傳來的各種怨言感到失望，但他仍不後悔自己當初生產汽車收音機的選擇。為了挽回損失，高爾文毅然將幾千台55型收音機從市場上收回，留下收音機裡尚能使用的

真空管和擴音器後，忍痛用大錘將全部機器銷毀。

成也創新，敗也創新，高爾文良好的公眾形象樹立之後，一九三四年公司生產的幾款新的汽車收音機立即出現了驚人的業績，55型收音機的陰影終於徹底的煙消雲散。幾年之後，公司正式更名為「摩托羅拉」，逐漸在世界上嶄露頭角。

二○○○年春天，耐吉（Nike）戶外運動產品部總裁戈登‧麥克法登雄心勃勃地醞釀著一項計劃，打算說服公司決策者，買下經營戶外用品有三十五年歷史的North-face公司。

這個想法很有見地。當時的情況是，在全球運動用品市場日益激烈的爭鬥中，耐吉逐漸露出疲態，但如果買下Northface公司，形勢就會大有改觀。憑藉這家公司年銷售二‧四億美元的實力，耐吉將一舉邁入全球頂級戶外用品製造商之列。

按照麥克法登的想法，這簡直等於一夜之間讓耐吉的實力增強一倍，何樂而不為呢？在此後的幾個月裡，他使出渾身解數，為促成這項交易四處遊說。到了最後，麥克法登的滿腔熱情卻被潑了一大盆冷水。

公司創始人、首席執行官菲力浦‧奈特和其他董事得出的結論是：耐吉最好的境界就是守住自己的品牌，不要讓別的公司破壞了它的完整性。失望之餘，麥克法登離開了耐吉，加入了另一家服飾公司。

也難怪耐吉的高層會有這種心理，正是「固守城池」的精神幫助耐吉稱霸了運動服飾市場。那時他們是何等風光，每年的銷售收入都是以百分之三十以上的速度迅速增長。

然而，在銷售額連續三年保持九十億美元後，耐吉忽然停滯不前。此後不久，它在全球的市場佔有率便開始下滑，公司利潤也應聲下墜。

耐吉固守陣地的狹隘模式，使企業嚴重缺乏創新思想和新的人才，這也是造成問題連連的罪魁禍首。

此外，耐吉守舊的作風也體現在經營決策上。

以前，耐吉就是因為過分注重保持原有的經營業績而忽視了市場潮流，因而沒有及時從「白色系、運動款」的鞋型，朝「棕色系、城市休閒款」的鞋型轉變。

這個策略失誤使對手們有更多機會，其中，紐巴倫（New-Balance）憑藉幾款時尚鞋款脫穎而出，一些後起之秀也因推出了迎合青少年品味的鞋型而紛紛殺出重圍。

綜觀歷史，成功者成功的手腕都很簡單，就是在原有的事物的基礎上改進，就成了一種新發明、新創造。總而言之，人無我有，人有我新，人新我奇，必然能奪得市場，取得勝利。

一如孔明，發明了木牛流馬載運糧草，又更進一步利用木牛流馬作為武器，奪得魏軍更多的糧草。

一步之外還有一步，這種靈活的機智，讓人嘆為觀止，而這也是他之所以令後人崇敬的原因。

窮則變，變則通，沒有限制與原則，就是厚黑的基本原則。把這點應用在企業創新上，會讓你少掉許多不必要的侷限，換得企業無止盡的成長與變化。

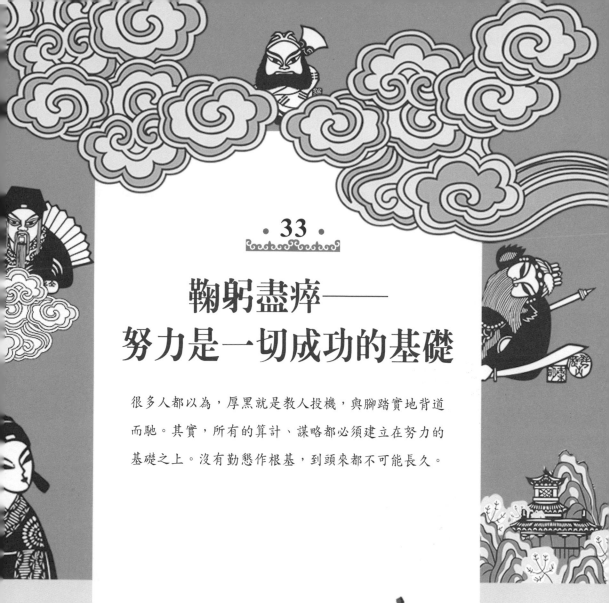

鞠躬盡瘁——
努力是一切成功的基礎

很多人都以為，厚黑就是教人投機，與腳踏實地背道
而馳。其實，所有的算計、謀略都必須建立在努力的
基礎之上。沒有勤懇作根基，到頭來都不可能長久。

　　諸葛亮於公元二○七年跟隨劉備。他在「隆中對」中精闢地分析了天下形勢，提出想要統一天下，應走鼎足三分，聯孫抗曹的道路。

　　二○八年，諸葛亮「受任於敗軍之際，奉命於危難之間」，出使江東，聯結孫權。他不是附庸順從，而是以隆中路線的堅定原則與孫權談判，訂立了雙邊同盟。

　　這使孫權明白，少了劉備，沒有人可以單獨抵擋曹操，不得不做出讓步，同意鼎足三分，發兵拒曹。赤壁之戰後，孫權履行諾言，將荊州借給劉備。劉備一稱帝，便讓諸葛亮出任丞相，總理國家大事。

　　章武三年春，劉備在永安病危，托孤諸葛亮。後主即位，諸葛亮受封武鄉侯，建立丞相府以處理日常事務，又兼任益州牧。當時，全國的軍、政、財，事無大小，都由他來決定。

　　蜀國地勢偏僻，與中原隔絕，賢才少。因此諸葛亮治蜀時特別重視人才的選拔和培養，他認為「治國之道，務在舉賢」，於是任人唯賢，不計較出身。

　　諸葛亮知才、識才、重才，病故後，掌握蜀國大權的都是他一手提拔的人才。

　　他一心輔國，也因此與共為輔臣，卻以自身利益為重、謀圖叛國的李嚴發生了激烈的衝突，在戰爭的過程中突患急病，暴卒於前線，時年五十四歲。

　　諸葛亮在生前留下遺囑，要求葬於漢中定軍山，就在山坡中挖一個墳，墳坑可裝下棺材便行了，身上也只穿平常的衣服，不隨葬器物。

　　可以說，諸葛亮為了劉備的蜀漢王朝，已經到了鞠躬盡瘁，死而後已的地步了。

大多數偉人的成功都來自於勤奮。米開朗基羅曾如此評價同時代的天才拉斐爾：「他是有史以來最傑出的人物之一，他的成就更多的得益於他的勤奮而不是他的天才。」

勤奮刻苦是一所高貴的學校，所有想有所成就的人都必須進入其中，在那裡不僅可以學到有用的知識，而且還可以培養獨立的精神和堅忍不拔的習慣。

其實，勤奮本身就是財富。

命運掌握在勤懇的人手中，所謂的成功正是這些智慧和勤勞的結果。即使比別人駑鈍，你的實幹也會在日積月累中彌補這個弱勢。

勤奮是走向成功的堅實基礎，也是一股助力，讓你的努力能被看見。如果有一天因此得到升遷，你應該自豪地告訴自己，這都是我刻苦努力的結果。

許多成功者都有一個共同的特點──勤奮。在這個世界上，投機取巧是走不出成功之路的，偷懶更是永遠沒有出頭之日。

皮爾‧卡登的時裝帝國，可以說是他幾十年來勤奮和智慧的產物。

二戰爆發時，他還不到二十歲，便獨自去了巴黎。到了巴黎後，身無分文的他到處遊蕩，走投無路時，偶然看見一家時裝店的櫥窗上，貼著招募學徒的廣告，於是走進去應試。

由於他曾學過裁縫，順利被錄取了，從此，他開始了奮鬥的生涯。

他在服裝業盡情施展自己的才華。用他自己的話說：「我從頭到尾學習服飾業的各種流程和細節。我喜歡把一件衣服從最初開始，做到最後完成。從畫圖、剪裁、縫合、試樣直到銷售。」他一絲不苟地掌握製衣的每一個細小環節。

一九四五年，皮爾・卡登進入「帕坎」時裝店做設計。當時，許多著名的演員都在這家店訂做服裝，這也給他一個得以嶄露頭角的機會。

隔年，他又到著名的「迪奧」時裝店工作，在那裡他獲益匪淺，學會了製作既符合時尚、又大方高雅的時裝技巧。憑著他的聰明才智，漸漸在法國時裝業站穩了腳跟。

一九五〇年是皮爾・卡登事業的轉捩點，他在里什龐斯街租了一間房，首次展出他設計的戲劇服裝和面具。在一步步的努力中，卡登成功了，可是他一生都沒有閒下來過。

皮爾・卡登在管理上亦相當注重細節。他的公司沒有董事會，也不召集部下開會，有事就找有關的職員直接商量。他的公司甚至不是家族企業，他是百分之百的主人。他做決策，開出每一張支票，親自理帳，掌握公司的所有機密。

最為人津津樂道的是，據傳他有二十四個帳簿，像小學生的作業本，一個子公司一本，每個公司的每一筆帳都清清楚楚地記在上面。

卡登曾說：「我的銀行家就是我自己。」

他的才華十分多元。年輕時，他只在維希紅十字會開設的學校裡學過很短暫的會計課程，而今，他居然能裁減財務主任，由他親自掌握財權。

雖然皮爾・卡登擁有龐大的商業王國，然而他仍喜歡凡事親歷親為，尤其是每天簽大量的支票。

他發現，要想對公司所有的經營狀況有最深刻最直接的瞭解，最好的辦法就是簽支票，透過簽支票，他可以經常看到公司裡員工的名字，就能對他們有更多的瞭解。

他不時地從抽屜裡拿出與他有關的雜誌、照片或文章，展示他設計的傢俱、出資贊助的戲劇的海報、寫的兒童讀物，還有雪

茄、香水、礦泉水或者他投入到市場上的九百種產品之一。

　　沒有一個領域對他來說是陌生的，不論是餐飲業還是食品雜貨業，或者戲劇業。

　　很少有人能夠像他一樣，集時裝設計大師與藝術大師的名號於一身，他既要打理自己的事業，又要從事藝術創作，還要參加各種社交活動，可說有著過人的精力。

　　他之所以能做到隨心所欲，是用每天十八個小時的工時為代價換來的。他的床頭總是放著紙和鉛筆，每當他不想睡的時候，就開始構思他的偉大的設計和構想。

　　他選擇了勤奮，這也是他事業成功的重要條件。

　　很多人都以為，厚黑就是教人投機、教人使詐，教人用盡城府、費盡心機，與腳踏實地、勤奮努力背道而馳。

　　其實，所有的算計、謀略、黑心、厚臉皮，都必須建立在名為「努力」的基礎之上。

　　三國中的曹操是名副其實的梟雄，他聰明、狡詐，但也知道腳踏實地，努力向上的重要。因為他明白，沒有勤懇作為最初的根基，擁有再多的小聰明算盡天機，到頭來都是曇花一現、空虛一場，不可能長久。

· 34 ·

關羽大意失荊州——
謹慎之心不可少

老奸巨猾的人總有用不完的計謀。但通常這樣的人越容易栽在莫名其妙的人手上。這類人雖然具備厚黑的概念，卻不能稱之為上上乘的「厚黑專家」。

　　公元二一九年，關羽受劉備取漢中勝利的鼓舞，北上取襄樊。

　　關羽親自攻打樊城，並於樊城北布下陣地，以防北方曹軍援兵。同時派人向附近郡縣策反，荊州刺史胡修、南鄉太守傅方投降，許昌以南部分官吏也暗中策應關羽。

　　曹操聽取司馬懿、蔣濟等人建議，與孫權結盟。

　　為了取信關羽，呂蒙獻計孫權，假稱有病，孫權故意發公開調令，調呂蒙回建業修養。關羽信以為真，就調走了許多留守的部隊以增強進攻樊城的力量。

　　關羽俘虜了以于禁為首，增援樊城的數萬曹軍，需要大批的糧食，就向後方催糧。

　　孫權得知，便派呂蒙前往奪取荊州。

　　呂蒙將士兵扮作商人模樣，突襲關羽安排的哨卡，俘虜士兵為質，關羽根本不知道老家發生了變故。呂蒙又來到南郡，守城的傅士仁、糜芳皆投降了。

　　呂蒙入城後嚴肅軍紀，嚴禁擾民，善待留在城內的關羽軍隊的家屬。

　　關羽回援荊州時，曾數次派使者與呂蒙接洽，使者們都受到了呂蒙的善待，並親眼看到自己的親屬受到比過去更好的對待。這些使者回到關羽軍中，把看到的情形私下裡告訴了其他士兵，導致軍心渙散，鬥志全無。

　　關羽自知大勢已去，就從麥城敗走。一路上，隨從士兵紛紛投降東吳。

　　孫權命朱然、潘璋斷關羽後路，並將其父子擒獲殺死。

　　在生活中我們需要謹慎，在商場上更需要如此。

　　在現實社會中，我們不能輕易相信人，謹慎之心是必不可少

的。對於他人，一定要做到知己知彼。

生活中的細微曲折一言難盡，要及時獲得準確的情報是極其困難的，而事實本身又在不斷地變化。即使是最小心謹慎的人，也往往不得不在極其可疑的前提下採取行動。

輕率魯莽的人就更不用說了，只要看到有利可圖，便被貪念沖昏了頭腦，一不注意，便會為自己帶來巨大的損失。

某私營雜貨店門前的顧客不多，生意清淡。店員無精打彩，各自做著自己的事。

一個衣著入時的年輕人走進店門，十分禮貌地問：「請問你們賣水果嗎？」

店員趕忙熱情相迎，「有。我們的水果全是新鮮的。」

年輕人又說，他們的工廠準備舉辦廠慶，廠長讓他出來購買幾噸蘋果，想請店家幫忙聯繫。因為時間很緊迫，價錢高一點也無所謂。

店員連忙把情況彙報給店老闆。店老闆面帶難色，出來解釋說他只零售，不經營大宗的水果批發，建議年輕人到水果批發市場上去看看。

年輕人顯得很失望，留下一張名片和一些訂金，希望店主能儘量幫他想想辦法，如果有消息就馬上打電話給他。

第二天上午，雜貨店附近的巷子裡開進一輛五噸的卡車，車上裝的全是一袋袋的蘋果。幾個農民打扮的人正吆喝著賣。但不知怎麼回事，整整一上午，買蘋果的人都寥寥無幾。

看到這個情景，店老闆不由心裡一動。他再也坐不住了，裝作若無其事地樣子走到蘋果車旁。

「老哥，買蘋果吧。剛從樹上摘下來的，正宗的紅富士，四斤十塊。」其中一個為首的農民一邊說，一邊遞給他一個紅蘋

果。

店老闆嘗了一口，果然又香又甜又脆，他不由得暗自得意起來。買了幾斤蘋果後，匆忙趕回店裡，按那個年輕人留下的號碼撥了電話。

很快，年輕人接起電話，知道蘋果已聯繫好後喜出望外，表示願意以每斤三元的價格全部買下，並在電話裡對店老闆的大力幫助千恩萬謝。

放下電話，店老闆又領人帶著現金返回賣蘋果的農民那兒，順利地買下五噸蘋果，高興萬分地守在蘋果攤旁，靜靜等待年輕人來交錢取貨。

兩天過去了，年輕人仍然沒有來，儘管一再打電話，都沒有人接，也等不到回電。

店老闆趕緊派人按名片上留的地址去找，結果發現根本就沒有年輕人說的工廠。他這才發覺上當了，打開蘋果袋一看，全是青黃相接、小不啦嘰的次等貨，咬一口又苦又澀，根本不是什麼紅富士。

可想而知，雜貨店老闆自以為抓住了一次發大財的機會，實際上是閉著眼睛跳進了他人設下的陷阱。

雖然一開始他保持著高度的警覺性，但是在心理上有一種優勢，自認為年高閱歷深，熟諳世事，所以沒有把年輕人當作危險的對手給予足夠的重視。

因此，當那些「老實」的鄉下人開著卡車，把「價低質優」的蘋果送上門來時，他內心十分開心，根本沒有想過要先看貨，只想著這是大賺一筆的好時機，結果反成了他人陷阱中的獵物。

老奸巨猾的人總有用不完的計謀，有源源不絕的創新思考，

由於機敏靈活，各方面也都處理得盡善盡美。

但通常，越是這樣的人，越是容易輕忽對手，結果最後就栽在莫名其妙的人手上。這類人雖然具備厚黑的概念，卻不能稱之為上上乘的「厚黑專家」。

要避免不必要的失敗，首先面對對手之時就要先做到知己知彼，好好摸清對方的底細。千萬不能憑著盲目的自信而疏忽了觀察。

再者，對於情勢的發展也要密切注意，下決定的時候，更是要反覆思慮再三，考慮得極其周詳了，才做最後的拍板定案。

不管你有多聰明、多麼深諳人的心理，切忌自命不凡、自以為是。

最高段的厚黑者必定是謙遜的。唯有對每件事都謙虛以對，才能不漏掉任何一個小細節，而這些不起眼的細節，也許就是你成功的最大關鍵！

·35·

諸葛亮掛帥蜀軍——
正確判斷情勢才不會白忙

「厚黑」講求靈活機動的戰略戰術，實質上就是審時
度勢，因時制宜。畢竟，黑心厚臉皮的計謀與手段，
也要用對時機才能達成目的。

公元二二九年，吳王孫權正式即位稱帝。

蜀漢大臣都認為孫權稱帝是僭號，要求跟東吳斷絕盟好關係。諸葛亮卻認為，蜀漢眼前的對手主要是魏國，堅持和東吳保持聯盟，繼續準備北伐。

兩年後，諸葛亮第四次北伐，出兵祁山。魏國派大將司馬懿和張郃等一起率領人馬趕往祁山。諸葛亮將一部分將士留在祁山，自己率領主力攔擊司馬懿。

司馬懿知道諸葛亮的戰略。他認為諸葛亮孤軍深入，帶的軍糧一定不多，所以在險要的地方築好營壘，叫將士只守不戰。

其餘的魏軍將領卻以為司馬懿害怕諸葛亮，一再請戰，他只好硬著頭皮，帶兵趕上去跟諸葛亮大戰一場，結果被蜀軍殺得一敗塗地。

然而蜀軍後方的運糧官員失職，糧草供應不上，雖然情勢佔上風，也只好主動撤兵。

大將張郃帶兵緊緊追趕，趕到木門一帶山谷地帶，卻被諸葛亮預先佈置好的伏兵用亂箭給射殺了。

二三四年，諸葛亮做好充分的準備，發動十萬大軍進行最後一次北伐。但由於過度辛勞，病倒在軍營裡，五十四歲便去世了。

按照諸葛亮生前的囑咐，蜀軍將領沒有把他去世的消息透露出去，而是把屍體裹起來放在車裡，佈置各路人馬有秩序地撤退。

魏營的探子將聽到諸葛亮病死的風聲，立刻向司馬懿報告。司馬懿立刻帶領魏軍追趕，剛過五丈原，忽然蜀軍的旗幟轉了方向，一陣戰鼓響，兵士們竟然出乎意料地轉身掩殺過來。

司馬懿大吃一驚，趕快掉轉馬頭，下令撤退。

蜀軍將領等魏軍離得遠了，才不慌不忙地把全部人馬安全地

撤出五丈原。

這件事傳到了老百姓的耳朵裡，百姓編了個歌謠嘲笑司馬懿，說：「死諸葛嚇走了活司馬！」

司馬懿聽了也不生氣，淡淡說道：「我只了解活生生的諸葛亮，死人我哪懂呢？」

後來，他親自跑到蜀軍原來紮營的地方，仔細觀察了諸葛亮佈置的陣勢後，也忍不住讚歎諸葛孔明是天下奇才！

無論何時何地，做任何決定，首先必須要了解時勢的特點，有準確的遠見卓識，估計情況的變化，心裡有所把握。在此基礎上做出適當的反應，或確定相應的對策，這就是審時度勢。

換言之，就是隨時要有心明眼亮、運籌帷幄的自若。

美國達維爾的百貨鉅子約翰‧甘布士，起初只是一家織造廠的小技師，他著膽識抓住機遇自行創業，使自己走向人生的光輝大道。

有一次，他要坐火車到紐約，但事先沒有訂票，又恰逢聖誕前夕，趕到紐約渡假的人非常多，車票早已賣完。但甘布士看到這種情景並不洩氣，仍舊提著行李，趕到車站裡去，目的是等別人退票。

到底會不會有人退票，他並沒有把握，但心裡仍存著一線希望。甘布士在車站售票處等了很久，遲遲不見有退票的乘客，儘管乘客們已經陸續上車，但他仍然沒有離開。

等到距發車時間僅剩五分鐘時，一位婦人匆匆忙忙趕到售票處，因為女兒突然病倒，臨時無法搭乘這班列車，甘布士如願以償地到了紐約。

他抵達紐約之後，高興地打電話給妻子，告訴她：「親愛

的，我抓住那萬分之一的機會了，因為我相信，只有不怕希望落空的人，才能實現目的。」

還有一段時間，達維爾地區經濟蕭條十分嚴重，一美元甚至可以買到一百雙襪子。

甘布士認為這是一個很好的商機，在別人嘲笑他是個蠢材的時候，仍然把自己的所有積蓄拿來收購這些低價貨物，還租了一個很大的貨倉來存貨。

妻子也勸他不要把這些別人廉價拋售的東西購入，如果此舉血本無歸，那麼後果將不堪設想。

對於妻子憂心忡忡的勸告，甘布士卻信心滿滿地表示，三個月後就可以靠這些廉價貨物發大財。

果然，僅過了十多天，那些工廠即使賤價拋售也找不到買主了，便把所有的存貨都用車運走燒掉，以此穩定市場價格。美國政府也採取了緊急行動，穩定了達維爾地區的物價，並且大力支持當地廠商復業。

這時，達維爾地區因焚燒的貨物過多，存貨欠缺，物價一天天飛漲。約翰·甘布士馬上把庫存的大量貨品拋售出去，賺了一大筆錢。

當他決定拋售貨物時，妻子又勸他暫時別忙著把東西出售，因為物價還在飛漲。他卻認為現在已經是拋售的時候了，再拖延下去會後悔莫及。

果然，甘布士的存貨剛剛售完，物價開始下跌，妻子忍不住對他的遠見欽佩不已。甘布士用這筆錢開設了五家百貨商店，生意都非常好。

甘布士善於判斷情勢，終於成就了自己的事業，一躍成為當時全美國舉足輕重的商業鉅子。

哈代曾說：「一碰到機會就抓住不放，並隨時變通以適應環境，比先打好如意算盤再等待適當的機會要保險得多。」

不管做什麼事，都應當根據當前的情況採取適當的措施，隨著時間的不同而辦事。恰當判斷形勢是件必不可少而又不太容易的事，尤其對於新手更是如此。

不過，就像英國哲學家培根說的：「一個人如果能銳意並留神地觀察，一定會看見『幸運』。」

沒錯，幸運的確不是從天而降的，關鍵在於你是否有一雙雪亮敏銳的眼睛，而且處處留心洞察分析時機，揣度情況。

審時度勢是成功者必備的一門藝術。綜觀古今，大凡成功者，個個都是因為能準確判斷情勢而成功。

「厚黑」講求靈活機動的戰略戰術，實質上就是審時度勢，因時制宜。畢竟，黑心厚臉皮的計謀與手段，也要用對時機才能達成目的。

簡言之，只有具備明辨時機的慧眼，具有駕馭形勢，果斷決策的魄力和應變力，才能掌握主動權，助你在人生戰場上打下一片天！

·36·

曹操以髮代首──
懂得作秀就能拉攏人心

作秀就是「玩弄他人於股掌」的厚黑呈現，讓參與你
這場「秀」的人，不知不覺被帶入你想營造的情境，
進而使自己更接近最終的成功。

　　曹操帶兵一向軍紀嚴明，自己也以身作則。因此，他的軍隊戰鬥力很強，很快統一了中國北方。

　　曹操看到中原一帶，由於多年戰亂，人民四處流散，田地荒蕪，下令讓軍隊的士兵和老百姓實行屯田。很快，荒蕪的土地種上了農作物。

　　曹操一方面又擔心士兵踩壞這些好不容易成長的莊稼，下了一個嚴厲的命令，規定全軍將士，一律不得踐踏作物，違令者斬。此令一下，將士們個個小心謹慎，唯恐犯了軍紀。

　　有一次，曹操率領士兵們去打仗。那時候正好是小麥快成熟的季節，曹操騎在馬上，看著一望無際的金黃色的麥浪，心裡十分高興。這時，突然竄出幾隻野雞，曹操的馬沒有防備，嘶叫狂奔起來，跑進附近的麥田，田裡的麥子被踩倒了一大片。

　　看到眼前的情景，曹操打算按照軍法治罪自己的罪。

　　這時執法官卻犯了難，曹操是主帥，軍紀也是他制定的，怎麼能治他的罪呢？

　　曹操卻堅持，軍令就是軍令，必須遵守，要不然軍令就成了一紙空文。

　　執法官不禁額頭冒汗，想了想說：「丞相，您是全軍的主帥，如果按軍令從事，那誰來指揮打仗呢？再說，朝廷不能沒有丞相，老百姓也不能沒有您哪！」

　　眾將官見執法官這樣說，也紛紛上前勸說，請曹操不要處罰自己。

　　曹操見大家求情，沉思了一會說：「我是主帥，治死罪確實不適宜。不過，不治死罪，還是要治罪，那就用我的頭髮來代替我的腦袋吧！」

　　說完，他拔出寶劍，割下自己的一絡頭髮。

　　從此，大家更尊敬他，也更遵守軍令了。

曹操「以髮代首」，可謂做了場很成功的秀，達到俘獲人心的目的。

在現代社會，要想成爲一名成功者，同樣需要靠「作秀」來俘獲人心。

李嘉誠因在塑膠業的實力及聲譽，被推選爲香港潮聯塑膠製造業商會主席。在這期間，他做了一件功德無量的事，至今仍被香港商界傳爲佳話。

一九七三年，石油危機波及香港。香港的塑膠原料全部靠進口，香港的進口商趁機壟斷價格，將價格炒到廠商難以接受的高價。年初每磅塑膠原料是六角五分港幣，秋後竟暴漲到每磅四至五塊錢港幣，不少工廠被迫停產，瀕臨倒閉。

李嘉誠此時的經營重心已經轉移到地產上，況且，長江公司本身就有充足的原料庫存。這場塑膠原料危機對他的影響不大，但李嘉誠仍毫不猶豫掛帥救業，在他的倡議和領導下，數百家塑膠廠入股組建了聯合塑膠原料公司。

原先單一塑膠廠無法直接從國外進口塑膠原料，是因爲購貨量太小。改由聯合塑膠原料公司出面，需求量比進口商還大，因此可以直接交易。而所購進的原料，按實價（其實並不高，只是被進口商炒高了）分配給股東廠家。

在廠商的聯盟面前，進口商的壟斷不攻自破，籠罩全港塑膠業兩年之久的原料危機，一下子煙消雲散。

李嘉誠在救業大行動中，還將長江公司的十二萬餘磅的原料，以低於市場價一半的價格廉售給停工待料的會員廠商。直接購入國外出口商的原料後，他又把長江本身的配額二十萬磅，以原價轉讓給需要量大的廠家。

危難之中得到李嘉誠幫助的工廠達幾百家之多，於是他被稱為香港塑膠業的「救世主」。

俗話說，患難見真情；佛家更說，救人一命勝造七級浮屠。李嘉誠的義舉，樹立了崇高的商業形象，他的信譽和聲望，無疑回饋給他無盡的業績和財富。

李嘉誠此舉，無疑是商場上經典的一場秀。

富蘭克林年輕的時候積蓄不多。為了使自己短時間內獲得更多的資本，他利用為數有限的資本進行投資，與別人合夥開了一家小印刷廠。

印刷廠的規模小，承攬的工作不多。作為股東，為了使印刷廠能夠承攬更多固定的工作，他努力當上費城州議會的一名文書辦事員。

這樣一來，他就可以藉工作之便為他的印刷廠承攬更多的業務，以此獲取更大的利潤了。

在他的努力下，印刷廠的業績很快有了起色。但就在前景看好的時候，卻出現了一件對他十分不利的事。

議會中一位最有錢又最能幹的議員十分厭惡他。這位議員不但不喜歡富蘭克林，還當眾斥罵他。富蘭克林幾乎無法忍受他的無理和專橫，但此時他滿腦子想到的都是自己的投資、印刷廠的命運，還有自己的前途。

就在事態越來越惡化的時候，富蘭克林採取了一個方法，使矛盾得到解決。

他藉故請求這位議員幫自己一個小忙。富蘭克林知道這個議員的虛榮心很強，於是事後很巧妙地向他表示了對他知識和成就的仰慕。

富蘭克林後來回憶說：「聽說他的圖書室裡藏有一本非常稀

奇而特殊的書，我就寫了一封信給他，表示我欲一睹為快，請求他把那本書借我幾天，好讓我仔細閱讀一遍。他馬上叫人把那本書送來給我。過了大約一個星期，我把書還給他，還附上一封信，強烈地向他表示我的謝意。當我們再次在議會裡相見的時候，他居然打破慣例，主動跟我打了招呼。這一次，他很有禮貌。」

後來，在這位議員的幫助下，富蘭克林的印刷廠承攬的生意越來越多，富蘭克林也因此獲得了一定的資本，議員也成了他的好朋友。

曾有人說過，要成為一名成功的人，第一做人，第二做事，第三作秀。

這話說得不錯，作秀可以擄獲人心，從而擁有良好的人際關係，為成功埋下伏筆。

可以這麼說，成功者人際關係的好壞，形同做生意的「成本」有多少，這就是作秀能力好不好的問題。

作秀方法和時機得當，可以有效降低成本，或不用投入成本，就能獲得人心。

比如捐助、義賣、讓利等公益活動，表面上資助非盈利甚至「倒貼」的社會公益事業，「無私地」奉獻出愛心，實際上所起的廣告效應，遠遠大於同等成本的直接宣傳。

平凡、呆板的廣告只能讓人知道你，但暗藏在各種非廣告活動的「置入性行銷」，卻能讓你在出名的同時，還能獲得眾人的好感與支持。

但要做好一場「秀」，首先必須臉皮夠厚，再者就是要「黑心」，不能濫做好人。必須弄清楚自己的目的，以此為出發，做「有意義的秀」，從中經營人脈、形象、知名度，而非無的放矢。

　　至於手法，當然要靈活且化內在目的於無形。簡單說，就是要做得不著痕跡才是高招。

　　作秀是「玩弄他人於股掌」的厚黑呈現，讓參與你這場「秀」的人，不知不覺被你帶入你想營造的情境，進而使自己更接近最終的成功。

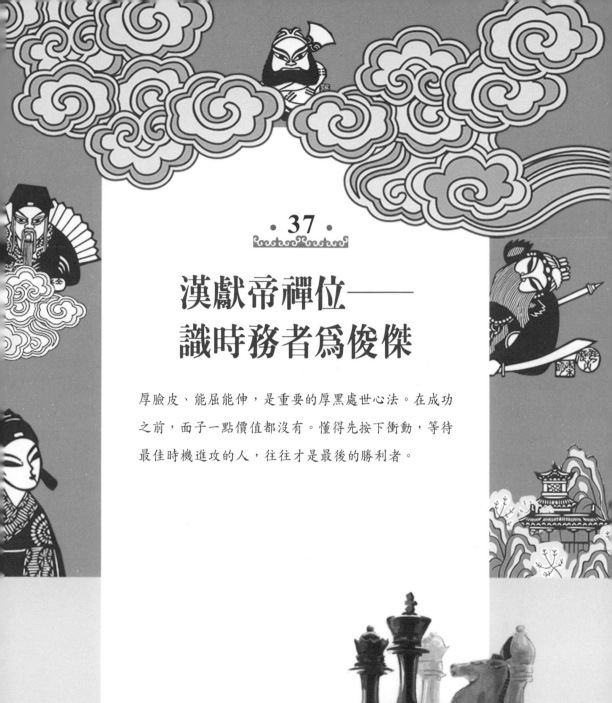

· 37 ·

漢獻帝禪位──
識時務者爲俊傑

厚臉皮、能屈能伸,是重要的厚黑處世心法。在成功
之前,面子一點價值都沒有。懂得先按下衝動,等待
最佳時機進攻的人,往往才是最後的勝利者。

建安元年，為了達到「挾天子以令諸侯」的戰略目的，曹操先是不斷向獻帝進獻食品和器物，博得劉協和朝中大臣們的好感。迎接劉協後不久，曹操就藉口糧食匱乏，連哄帶騙地把劉協和一班朝中大臣轉移到許昌。

至此，漢獻帝正式遷都許昌。

劉協十分睿智，他想借曹操之手恢復漢室。建安元年（一九六年），孫策寫給袁術的勸諫信中就提到劉協「明智聰敏，有夙成之德」，說明劉協的確是很聰穎的。

不過，一代奸雄曹操所需要的卻不是這些，根本沒有想過要幫助劉協光復漢室，只是想利用劉協來達到自己的政治目的。隨著曹操地盤不斷擴大，權力日漸穩定，開始剷除異己，集大權於一身。

建安四年，劉協任命岳父董承為車騎將軍，藉以牽制曹操，又秘密寫下衣帶詔賜給董承，要董承聯絡忠於漢室的大臣、諸侯，共同剷除曹操。

劉協這一次冒險，反映出他還是很有頭腦和見地的。不幸的是，他的種種努力都因為計劃洩漏而告失敗。建安五年，曹操處死參與計劃的董承、吳子蘭等人，並夷滅三族。劉協的貴人董氏也因為受到父親董承的牽連被害。

曹操藉此加強對劉協的控制，「左右侍衛莫非曹氏之人者」，這時的漢獻帝劉協已經完完全全成了一個傀儡。

建安二十五年，曹操病故，曹丕襲爵魏王。同年，華歆、賈詡、王朗、李伏等眾多曹魏的親信大臣，在曹丕的授意下，直闖漢獻帝寢宮，威逼劉協遜位。

劉協終於醒悟了，十月，在曹丕的逼迫，加上對局勢的認識下禪位於曹丕。

曹丕沒有像他的父親曹操那樣軟禁劉協，也沒有加害劉協，

而是封他為山陽公，允許他在封地使用漢天子禮樂，建漢宗廟以奉漢祀。

隨著漢獻帝退位，統治近二百年的東漢王朝也隨之結束。

任何一個縱橫社會的人，都要做好輸的心理準備，都要有贏得起也輸得起的心理素質，既要拿得起，更要放得下。只是贏得起，算不上真正的俊傑，唯有輸得起，而且輸得瀟脫，輸得大氣，才是真正的俊傑。

綜觀歷史，成功者往往都是這種「拿得起，放得下」的俊傑。

有一段時間，由於各大銀行的施壓，胡雪巖的錢莊發生擠兌風潮。正當他全力調動、苦撐場面，以圖再戰的時候，又傳來寧波通裕、通泉兩家錢莊同時倒閉的消息。

寧波海關監督候補道瑞慶即命寧波知縣查封通裕，同時發了電報給現任浙江藩台德馨，告知寧波通裕、通泉兩家錢莊已經倒閉，並請轉告這兩家錢莊在杭州的東家，急速到寧波協助清理。

德馨接到電報，馬上請人向胡雪巖轉達通裕、通泉的情況。經過再三思量，胡雪巖決定放棄維持這些基本上已經難以經營的商號，投入全部力量維持目前還可以正常營運的阜康錢莊。

用現代經營眼光來看，先保住還沒崩解又可能保住的地方，其實就是一種收縮戰線，全力圖存，以求再戰的策略。在面臨全面崩潰並且破綻百出的情況下，考慮及時收縮戰線，集中財力保住可能保住的部分，對於應付危局和減小損失不僅十分必要，也十分有效。

只可惜，胡雪巖終因左宗棠無力相保，而在官場的傾軋中回天無術，一敗塗地。所有的卓越輝煌、榮華富貴，都在一夜之間化為過眼雲煙，隨風飄散。

胡雪巖算得上是一個輸得起的人，仔細考慮後，認為人生做事，有輸有贏，勝敗乃兵家常事，重點是心理上不能輸，也就是說「既要贏得起，更要輸得起」。正是因為有如此的心胸和氣魂，所以他輸得很灑脫，令人佩服。

松下通信工業公司花了五年的時間研究開發大型電腦，投入十億巨額研究經費，眼看就要進入最後階段，公司卻宣佈放棄。

對於這個決定，大家都感到很震驚。松下通信工業公司的經營很順利，不可能發生財政上的困難，此舉相當令人費解。

松下幸之助認為，企業用大型電腦的市場競爭相當激烈，萬一出現差錯，將會對公司產生不利的影響，到那時再退，為時已晚，倒不如趁現在尚可撤退，趕緊掉頭得好。

正如松下幸之助估計的那樣，連西門子、RCA這種世界級的大公司，都陸續放棄了大型電腦的生產，廣大的美國市場幾乎全被IBM獨佔。

富士通、日立等幾個公司都急著搶佔日本市場，投入了相當多的資金，等於賭上了整個公司的命運，但結果還不能確定。在這場競爭中，松下也許會獲勝，但也可能會就此消沉，在衡量得失之後，他最終決定撤退。

交戰時，撤退是最難的，如果無法勇敢地喊出撤退，或許就會遭受到致命的一擊。

松下勇敢地喊出了一般人無法理解的撤退，足見其眼光高人一籌，不愧為日本首屈一指的人物。

事實證明，這次撤退是很明智的決定，讓松下避免了一次相當大的損失。

能夠認清形勢或潮流的人，才是真正的英雄豪傑。

所謂的俊傑，並不是專指那些縱橫馳騁如入無人之境，衝鋒陷陣無堅不摧的英雄，而應當包括那些看準時局，能屈能伸的明智之人。

愛面子的人臉皮薄，就算形勢不佔上風，經常還是爲了無謂的自尊堅持硬拚硬幹，最後不是弄得自己進退不得，就是下場悽慘，就算爭贏了，通常也元氣大傷。

厚臉皮、能屈能伸，是重要的厚黑處世心法。

成功之前的各種努力、各種挫折，我們稱之爲過程。在成功之前，面子一點價值都沒有。聰明的人不會爲了一時的面子，在情勢不利的時候偏要逞一時之氣，懂得先按下衝動，等待最佳時機進攻的人，往往才是最後的勝利者。

· 38 ·

劉備怒摔阿斗──
讓別人爲你賣命

不管是老闆還是管理者，這項厚黑法則都是必修的學
問。越是親近的人越要用各種方式收買，才能讓他死
心塌地的爲你辦事。

　　曹操統一北方後，揮師南下進攻劉表，劉備受劉表之託鎮守荊州。

　　曹軍壓境，長阪坡之戰後，劉備被迫轉移，逃離時不但有軍隊，還有歸附他的數萬民眾。就算只有軍隊移動，也不一定能甩掉曹軍，何況老百姓扶老攜幼，拖家帶口，一天只能走十來里，沒幾天就會被曹軍追上。

　　有人勸劉備別顧那麼多了，逃命要緊。劉備卻堅持成大事者必須以民為本，既然有這麼多老百姓來追隨他，他不能撇下他們不管，於是由驍將趙雲擔當保護劉備家小的重任。

　　曹軍來勢兇猛，劉備帶著幾名部將突圍，最終衝了出來，家小卻陷入了曹軍的圍困之中，趙雲冒死殺入重圍，拼死廝殺，七進七出終於尋到劉備之子阿斗。趙雲衝破曹軍圍堵，追上了劉備。

　　劉備見到兒子，卻一點都不高興，反而生氣地把他摔在地上，大罵：「為了你這個臭小子，差點損失我一員大將。」

　　趙雲聽了十分感動，趕忙抱起阿斗連連泣拜，說即使自己肝膽塗地，也無法回報劉備對他的重視。

　　人無完人，一個人不可能永遠都不犯錯。當別人因為一時疏忽出了點小差錯時，也不必過於責難，畢竟誰都不想出差錯。

　　你必須敢把責任主動攬到自己身上，為底下的人開脫。遇到下面的人提出一些要求或是對工作不滿時，一定要抽出時間聽取他們的意見，及時緩解他們內心的不滿和工作壓力，能幫忙爭取到的福利一定要盡力去爭取。

　　總之，多和別人溝通，多為別人著想，多承擔一點責任，多原諒別人，這都是成功者「收買人心」的好策略。

　　一九三六年，戴夫‧帕卡德與比爾休利特一起創立了惠普公司，他們當時工作的車庫被當成矽谷發源的紀念地。

　　經過幾十年的發展，惠普公司成為生產電腦與電子產品的國際性大公司。一九八八年，在美國《富比士》雜誌前五百大公司排行榜中，惠普公司名列第四十九。

　　一九九四年，惠普的銷售額高達兩百五十億美元，員工共計九萬八千四百人，位列世界電腦公司第三。

　　從一開始，惠普公司的發展就十分迅速，很快成為擁有兩百萬美元資產和兩百名工人的大公司。但二次大戰結束後，許多軍事專案停建，電子設備在軍用市場上的總銷售量下降，由軍事工業帶動的民生用品市場也迅速萎縮，惠普的業務一落千丈。

　　面對市場的衰退，帕卡德不得不辭退了一百多個工人。他深深懂得失業對工人意味著什麼，那代表生活品質迅速下降，和自尊心受到巨大傷害。因而帕卡德暗暗發誓，一定要渡過難關，讓公司的業績回到往日的水準，再把這些工人重新請回惠普公司。

　　隨著美國新的一輪經濟週期的展開，惠普公司又恢復了往日的輝煌。到四〇年代末期，惠普公司的資產已接近千萬美元，成了矽谷中的明星企業。

　　一九五九年，惠普公司在帕卡德的領導下蒸蒸日上時，他注意到公司員工的熱情減退了，這是為什麼呢？

　　惠普公司的股票一九五七年公開上市以來，股價節節攀升，成為華爾街的寵兒。公司一名檢測人員表示，雖然薪水在增加，但老闆還是老闆，員工還是員工。

　　帕卡德知道後陷入了沉思。應該讓大家都成為公司的主人，這樣工作起來才會齊心協力，才能讓公司更好。

於是，帕卡德第二天在記者招待會上正式宣佈，惠普公司為調動員工的

積極性，為把公司發展的巨大利益也分配到員工身上，推行員工持股計劃。

這就是後來風靡美國的ESOP（員工持股計劃），他把公司的股票分階段按工作時間分給員工。員工作為公司的主人，立即面貌一新，惠普公司銷售、生產各方面均呈現出一片新的氣象。

收買人心聽起好像不是很好聽，不過卻是最直接、有效要求下屬為你盡心盡力的辦法。

不管是老闆還是管理者，這項厚黑法則都是必修的學問。越是親近的人越要用各種方式收買，才能讓他死心塌地的為你辦事。

至於方法，也不能太過粗糙，必須動點腦筋，讓底下的人不知不覺臣服於你、對你盡忠效力。

任何決定、任何舉措都必須以利益為思考的大前提，才能用最客觀的角度判斷情勢、掌握好事業上的人際關係。再怎麼說，工作上的人際往來，和朋友間的相處是完全不同的兩回事，如果在工作中仍把同事、下屬當朋友對待，就容易導致感情用事、公私不分，甚至影響你的決斷，在重要時刻，這將成為你最大的致命傷！

· 39 ·

諸葛亮弔周瑜──
演一齣完美的戲

厚黑戰術經常是虛虛實實的。要完美實現這個策略，除了靈活的腦袋，還要有絕佳的演技。如果你夠靈活、厚臉皮、夠黑心、還很能演，那麼你就離成功不遠了！

諸葛亮「三氣周瑜」，結果周瑜一命而亡。東吳上下對諸葛亮恨之入骨，決心要殺死諸葛亮為周瑜報仇，孫劉的盟友關係也面臨嚴峻的考驗。

為了不使兩家分裂結成仇恨，諸葛亮決定親自到柴桑口為周瑜弔唁。蜀漢的君臣堅持勸阻，認為諸葛亮這一去必然會被東吳殺害，結果將是有去無回。

諸葛亮分析，周瑜死了之後，魯肅就會執掌東吳的大權。魯肅是個深明大義的人，不會做出魯莽的事。東吳要在江東站穩腳跟，也必須和劉備聯合，孫權、魯肅都不是會拿江山開玩笑的人。同時，蜀漢也需要透過這次弔唁化解雙方的怨恨。加上有趙子龍這位智勇雙全的將軍隨身保護，即使出現點意外，也是有驚無險。

諸葛亮說服眾人後，過江去了東吳。

到達柴桑之後，魯肅果然非常禮貌地接待了他。周瑜的部下紛紛想殺諸葛亮，但礙於趙雲在諸葛亮旁邊，不敢下手。

諸葛亮到了靈堂，親自奠酒，讀了祭文。

諸葛亮讀完祭文就伏地痛哭，情真意切，淚流如湧泉，表情哀慟不已。一口一個「周都督」，一嘴一個「周賢弟」，令所有在場的人都非常感動，就連周瑜的夫人小喬也動搖了。人們對周瑜是不是諸葛亮氣死的都產生了疑問。

魯肅見孔明如此悲切，也覺得十分感傷，自忖可能真的是周瑜的度量太狹小了。

簡單地說，蒙蔽對手的主要目的，就是要在競爭對抗的關係中佔上風。

有些人似乎是在不經意之間流露出心思，實際上卻是在騙取他人的注意和信賴，目的在於突然發難從而出奇制勝。

不少的成功者在發展的過程中都經常利用這個策略。但如果用得不好，也可能會賠了夫人又折兵。

一位名叫威爾遜·哈勒爾的英國人，六〇年代初來到美國經營一種名為「配方四〇九」的清潔液。到了一九六七年，「配方四〇九」已經佔領美國清潔劑市場的百分之五，並獲得了專利權。

正當哈勒爾準備在美國全面擴展「配方四〇九」的時候，突然遇到了一個強大的競爭對手——美國寶潔公司。該公司歷史悠久，實力雄厚，推出了「新奇」清潔液，使哈勒爾的「配方四〇九」面臨嚴重的考驗。

這一次，寶潔公司在命名、包裝和促銷時，投入了很大的資金，也做了耗資巨大的市場預測，採取了聲勢浩大的廣告攻勢。因為他們資本雄厚，因此滿懷信心。

哈勒爾判斷寶潔公司會因為自信，而不密切注意他的行動。於是，他利用小公司靈活多變、行動迅速的特點，與寶潔公司展開了游擊戰。

哈勒爾一方面加緊對「配方四〇九」在包裝、顏色方面的改進以迷惑對方，另一方面派出偵察隊，四處搜索對方的情報和市場預測。

當他打聽到寶潔公司的競爭要地——丹佛市被選為第一個測試市場時，哈勒爾便充分利用小公司速戰速撤的特點，巧妙地把「配方四〇九」清潔液從丹佛市撤了出來。當然，他並不是把市場貨架上的貨物全部搬走，而是中止了一切促銷活動。這樣做，主要是防止被寶潔公司發覺。

這一招果然奏效，「新奇」清潔液一時成了暢銷貨，寶潔公司試銷成員對此相當高興。消息傳到該公司總部，總部也得意洋

洋，當即決定投入更多「新奇」清潔液到丹佛市販售。

正當寶潔公司上上下下一片歡欣鼓舞時，哈勒爾為了公司的生存，果斷地採取了報復行動。他趁「新奇」清潔液大量湧入丹佛市時，藉著丹佛市測試市場的機會，開始了削價戰，將市場上的「配方四〇九」做大幅降價。

這時，雖然留在丹佛市的商品不多，但也足以讓貪小便宜的消費者一次購足大約一年的用量，等到寶潔公司派出大軍湧入丹佛市打算促銷「新奇」清潔液時，即使降價也為時已晚，因為「配方四〇九」早已深入人心了。

厚黑戰術經常是虛虛實實、飄忽不定的。要做到蒙蔽敵手，就要試著將自己的目的和意圖偽裝起來，對方一旦無法發現，就會麻痺大意。甚至還要製造幌子使對方無從辨認，信以為真，以爭取到條件和時機，從容完成既定計劃。

虛實之間，除了必須魚目混珠，讓敵人信以為真，後續還要搭配許多的「假動作」，讓敵方難辨真假，疲於猜疑與應付，或者放鬆警惕。

當然，要完美實現這個策略，除了靈活的腦袋，還要有絕佳的演技。

總的來說，如果你夠靈活、厚臉皮、夠黑心，還很能演，那麼你就離成功不遠了！

·40·

孔明七擒孟獲——
帶人要帶心

商場如戰場，甚至殘酷程度比起戰場有過之而無不及。如果不能冷靜理性地思考利益得失，那麼最終只會因為心太軟、太猶豫不決而招致敗亡！

魏、蜀、吳三分天下,蜀漢丞相諸葛亮受劉備托孤,立志北伐,以重興漢室。

就在這時,南方的南蠻又來犯,諸葛亮當即點兵南征。到了南蠻之地,雙方首戰,諸葛亮就大獲全勝,擒住了南蠻的首領孟獲。孟獲卻不服氣,諸葛亮一笑,下令放了孟獲。

放走孟獲後,諸葛亮找來他的副將,故意說孟獲將此次叛亂的罪名都推到了他的頭上。副將聽了十分生氣,大聲喊冤,於是諸葛亮將他也放了回去。

副將回營後,心裡一直憤憤不平,終於有一天,他將孟獲請入自己帳內,將孟獲捆綁後送至了漢營。諸葛亮用計二次擒了孟獲,孟獲卻還是不服,諸葛亮便又放了他。這次,大將們都想不透,諸葛亮卻說他自有道理,只有以德服人才能真的讓人心服,以力服人必將有後患。

孟獲再次回到洞中,他的弟弟孟優獻了個計謀。半夜時分,孟優帶人來到漢營詐降,諸葛亮一眼就識破,於是下令賞了大量的美酒給南蠻兵,讓孟優帶來的人喝得酩酊大醉。這時,孟獲按計劃前來劫營,卻不料自投羅網,再次被擒。這次,孟獲仍是不甘心,諸葛亮便第三次放虎歸山。

孟獲回到大營後,立即著手整頓軍隊,待機而發。一天,忽有探子來報,諸葛亮正獨自在陣前察看地形。孟獲聽後大喜,立即帶人趕去捉拿諸葛亮,不料又中了諸葛亮的圈套,第四次成了甕中之鱉。

諸葛亮知道他這次肯定還是不會服氣,便再次放了他。

孟獲帶兵回到營中,營中的一員大將帶來洞主楊峰。

因跟隨孟獲數次被擒數次被放,楊峰心裡十分感激諸葛亮,為了報恩,便與夫人一起將孟獲灌醉後押到漢營。孟獲五次被擒仍是不服,大呼是內賊陷害。諸葛亮便第五次放了他,命他再戰。

這次，孟獲回去後不敢大意，諸葛亮大敗南蠻的三洞元帥後，又布下伏兵，讓王平、關索誘敵。二人假裝戰敗，引南蠻王孟獲入峽谷，再由張嶷、張翼兩路追趕，王平、關索回馬夾攻。孟獲抵擋不住，被魏延生擒活捉。孟獲不服，要與諸葛亮再戰，若再被擒才服。諸葛亮便放他回去了。

後來，孟獲請來烏戈國的藤甲軍，與諸葛亮決戰。諸葛亮用油車火藥燒死了無數蠻兵，孟獲第七次被擒，才真心投降。

從此，每年有三百多個鄰邦向蜀國進貢。

兵戰中，奪心有妙計；商戰或為人處世，奪心亦有良方。

首先，欲奪其心，必須掌握對方的心理變化；其次對症下藥，採取相應的措施。

對待一些有疑慮、心有顧忌的人，要想說服他，就應該先解除他的疑慮、顧忌。一旦成功地做到，他們就會對你產生好感，自然而然也會對你產生敬意，若再稍加攻勢，很快就會被說服。

美國斯凱特朗電視公司的總裁亞瑟‧列維就是一位能體恤部下，愛惜人才的企業家。

為了研製閉路電視，列維錄用了一位頗有才幹的青年技師比爾。比爾一上任，就一頭鑽進實驗室，整整工作了一個星期。在工作最繁忙的時候，比爾一連幾天都沒有離開過實驗台，連三餐都是請人送去的。

實驗告一段落後，疲憊至極的比爾好像瞬間老了十多歲，倒頭就睡，過了一天一夜才醒過來。

看到因休息不足而眼窩深陷、神情疲乏的比爾，列維深受感動。他拉著比爾的手，真誠地說：「我希望你改變一下工作方式，否則，我決定停止閉路電視的研製工作。」

「為什麼？」比爾一時沒有反應過來。

列維說：「因為像你這樣不分晝夜、不顧性命地工作，還沒等到新產品問世，你就垮了。我寧願不做這個生意，也不能賠上你的命。」

比爾為列維的關心感到激動和寬慰。他說：「不會的，我已經習慣了，我們這些做研究的人都是這樣。」

列維聽了這話，眼淚都快流下來了，傷感地說：「是的，做研究工作的人很少有長壽的，但我希望你能節制一點。雖然我們相處的時間不長，但我知道你已經竭盡全力了。對我來說，這就足夠了，就算研究不成功，我也不會責怪你，你也用不著為此而自責。」

比爾非常感動，甘願為列維赴湯蹈火，這以後，他一如既往夜以繼日的工作，不到半年，閉路電視就研製成功了。

這項新技術的問世，為斯凱特朗電視公司的進一步發展奠定了堅實的基礎。

美國的鋼鐵大王卡內基，在建立事業的過程中，也非常重視人才的歸心。

美國南北戰爭時期，卡內基正處於事業的發展期。他發現，在現代社會中，鐵橋必將代替木橋，於是想對此進行調查。

他找橋樑專家討論，認識了一位叫比波的工程師，是架橋工程首屈一指的天才。比波認為卡內基用鐵橋代替木橋的構想是非常好的。

於是，卡內基決定成立建設鐵橋的公司，力邀比波加入，還讓他入股。

比波當然高興，但實際上，因為將來比波對這家公司的貢獻主要是技術方面的，所以比波的股份全由卡內基出了。

比波非常喜歡馬，卡內基知道這個訊息後，某天便對比波說：「比波先生，聽說你非常喜歡馬？」

「我喜歡馬僅次於橋。」比波說。

「我弟弟湯姆也喜歡馬，從他家到公司，大約十六公里，他每天早上都騎馬上班，我送一匹純種馬給你吧！」

這位天才工程師聽到了，眼睛都亮了起來，他可是個真正的馬迷啊！

有一次，鐵橋公司因各種原因，資金不能到位，導致聖路易鐵橋無法動工，比波產生離開的念頭，但卡內基最後用三匹英國好馬留住了比波，並設法解決了各種麻煩，使聖路易鐵橋終於大功告成。

正是在比波這樣的天才人物的支持下，卡內基建立了自己最為堅實的基礎事業——鐵橋公司。正是由鐵橋公司，卡內基邁向了成為鋼鐵大王的道路。

對於卡內基來說，只要是他想用的人才，他都能用一定的方法攻其心，使其成為自己事業的支柱。後來，他也使用同樣的方法得到了煉鋼技術的天才人物霍利和鐘斯。

「士為知己者死」，這個原則在現代企業中同樣非常有效。特別是對那些懷有抱負的知識型人才來說，更是如此。

因此，好好利用他們的最有效途徑，就是設法當他們的知己。不僅要關心他們的身體，關心他們的生活，還要瞭解他們的內心需求，然後攻其心而用之。

這是最為成功的用人方法。

「人生得一知己足矣，斯世當以同懷視之。」當人才成為知己，將來無論是合作還是創新，都將不再是問題。

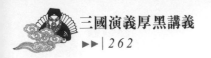
想要成功的人，就要懂得利用他人，利用別人的才華、資本、關係……光憑一己之力，很難達成多大的目標。

然而人畢竟不是物品，不光是利益，要讓人為你賣命，而且是心甘情願為你賣命，中間尚牽涉到許多心理、精神、情感等複雜的因素。

聽起來很難，但反過來想，如果能透過一些手段掌握人心，不一定要重金利誘，同樣可以達成你想要的目的。

若說厚黑是種玩弄人心的心理戰術，一點都不為過。事實上，商場如戰場，殘酷程度比起戰場有過之而無不及。如果不能冷靜理性思考利益得失，最終只會因為心太軟、太猶豫不決而招致敗亡！

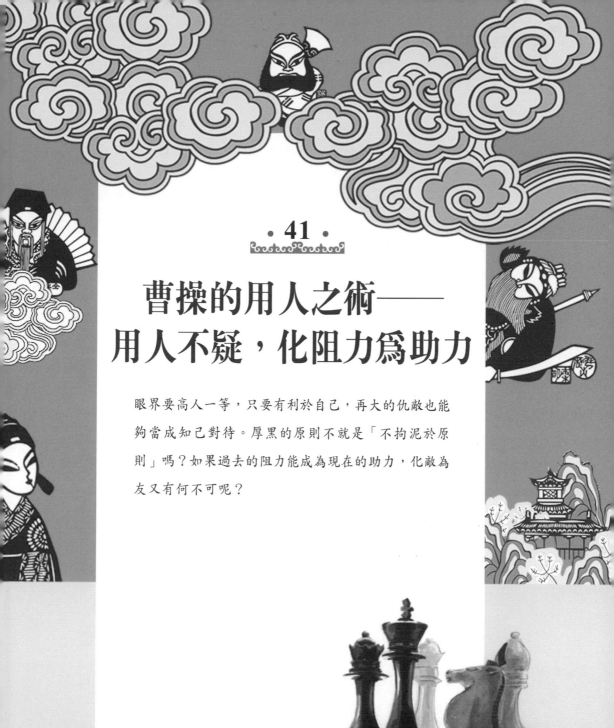

曹操的用人之術——
用人不疑，化阻力為助力

眼界要高人一等，只要有利於自己，再大的仇敵也能
夠當成知己對待。厚黑的原則不就是「不拘泥於原
則」嗎？如果過去的阻力能成為現在的助力，化敵為
友又有何不可呢？

曹操知人善任，用人不疑。正因為如此，先後有謀士郭嘉、荀攸、程昱，以及大將典韋、許褚、于禁投靠他，對本家曹仁、曹洪、夏侯惇也都委以重任。

對那些從其他陣營中逃離的謀士，曹操也委以重任。許攸半夜從袁紹營投奔他，曹操「大喜，不及穿履，跣足而出，遙見許攸，撫掌大笑，攜手而入，操先拜於地」。可見他用人之高明，縱使是其他陣營也不多疑。

後來許攸獻計，削平了袁紹。他用計騙來徐庶，雖然徐庶發誓「終生不為曹設一謀」，但曹操並不加害於他。對荀彧、賈詡等敵方來投的謀士也信任有加，即使沮授誓死不降，曹操仍不加害，只是在沮授要偷馬跳跑之時，不得不殺了他。事後，曹操還嘆道：「吾誤殺一忠義之士也。」

官渡之戰打敗袁紹後，曹操部下搜到許多謀臣與袁紹來往的信件，有人提議一一查實，以通敵者論處，而曹操卻下令一把火燒掉，不允許再查問。

這種明智的做法使那些與袁紹暗中交往的人感激涕零，願意為其盡忠效命，並且使那些心存疑慮的人更加忠於曹操了。

用人不疑，這就是讓曹操致勝的用人之道。

所謂用人不疑，不是指對任何人的能力、人品都不存疑慮，而是說：其一，既然把工作交付於人，就不應該再對他抱持懷疑的態度，而應給予完全的信任，放手讓人去做；其二，由於主觀、客觀的各種原因，導致下屬工作失誤，領導者一般會終止信賴行為，但對人的信賴不能終止，應給予另外的全權責任。

在現代社會裡，用人不疑，充分發揮人才的聰明才智，更是每一位領導者成就事業的重要保證。

在現代企業中，在管理模式上，出現了由「以物為中心」往

「以人爲中心」轉變的人本管理，人才競爭也因此成爲企業競爭的重要內容。

英雄不問出處，只看眼前表現。信任是用人的第一標準，這是眾多成功企業的經驗之談。企業在用人方面有許多做法，但要想使人才充分發揮自己的聰明才智，信任是最爲重要的。

IBM公司的成長方針始終堅持「用人不疑」。不少管理學家相信，IBM獲得成功的首要因素就在於人才，創始人沃森也被譽爲「企業管理天才」。

沃森曾做過推銷員，清楚知道企業的出路在於市場，而要在市場的角逐中取勝，就必須依靠那些熟悉市場、駕馭市場的人。

沃森想方設法發掘人才，並激發他們的潛力、創造精神及獻身精神，刺激員工爲公司出謀劃策努力工作。爲了維持員工的工作熱情，增強員工對公司的親近感和信任感，他廣開言路，積極傾聽各種意見和主張。

他曾規定，公司內任何人要是感到自己受壓制、打擊或冤屈時，都可以上告。他還常常親自接見告狀者，並且支持有理的一方。他也經常鼓勵員工在工作中不要怕出現失誤和承擔風險，爲了公司，要敢於承擔那些似乎不可能完成的任務，敢於辦一般人無法辦到的事。

美國《富比士》雜誌這樣描寫沃森：「一半時間花在旅行上，一天工作十六個小時，幾乎每晚都在某個員工俱樂部中出席各種集會和慶祝儀式……他與員工們相談甚歡，但不是作爲一個心懷叵測的上司，而是作爲一個相識很久的摯友。」

後任董事長約翰‧奧培爾繼承了沃森的用人之道，認爲公司是人辦的，成功的秘訣是用人，幸運的是IBM擁有一批努力工作，又能在工作中相互支援的人。

他也記得沃森說一句話：「你可以接收我的工廠，燒掉我的廠房，然而只要你留下這些人，我就可以重新建起IBM。」

正因為IBM公司做到用人不疑，最終成為一個世界知名的大企業。

保羅‧蓋帝是一位善於取得員工信賴而又非常信任下屬的人，這使他在成功的路上比別人順利多了，也比別人更有成就。在創業初期，他憑著與員工互相信任，獲得很好的效果。

曾經有一塊森林裡出租地，保羅和下屬到現場視察，發覺這裡可以開採出石油。

但經過分析，保羅認為這塊地應該無利可圖。

第一，它的面積比一間房子還小。第二，唯一通往這塊地的只有一條小路，而且這條小路只有四尺寬，沒有辦法把卡車開進去。第三，這塊地太小，不適合用一般的開採辦法開採。

但是保羅‧蓋帝仔細想了想，決定先讓員工們討論一下，各抒己見，看看是否有辦法克服這塊地的缺點。員工們見老闆如此信任大家，便毫不拘束地議論起來，你一言我一語，不少主意就這樣出來了。

一位員工建議可以使用小一號的工具挖掘。保羅表揚他的同時，突發奇想，覺得也可以考慮使用小一號的鐵路作為通向油田的交通工具。

接下來，保羅又問，怎麼用小一號交通工具把那裡的石油運出來。

他一丟出問題，員工們紛紛開始動腦筋想辦法。大家無所約束地暢所欲言，把自己的看法講出來。從小一號挖井工具談到小一號鐵路和火車問題，進而談及找誰設計和製造這些工具和交通工具的具體方案。

　　眾人拾柴火焰高。經過保羅的一番激勵和鼓動，員工們為開發森林裡那塊含油豐富的小油田找到了一個完美的開採方法。

　　一九二七年二月二十一日，蓋帝石油公司終於在那塊地上挖出了第一口井，後來接二連三地挖出了數口井，每口井都產出大量的原油，每天共產油一萬七千多桶。此後十二年間，這塊油田為保羅賺進了數百萬美元。

　　據《尼克森回憶錄》記載，季辛吉原本是洛克菲勒的密友，在洛克菲勒與尼克森兩次競爭共和黨總統候選人提名的角逐中，季辛吉都是全力支持洛克菲勒，公開反對尼克森的。可是，尼克森當選總統後，不計前嫌，仍然委以重任，聘用季辛吉為權勢炙手的國家安全顧問，季辛吉成為尼克森外交決策的高級智囊。

　　不管是尼克森或曹操，他們最大的特點，就是眼界高人一等，不把過去的恩怨當恩怨，即使曾經是敵人，只要有利於自己，再人的仇敵也能夠當成知己對待。

　　你可能會說，這實在太沒有原則了！不過，厚黑的原則不就是「不拘泥於原則」嗎？如果過去的阻力能成為現在的助力，化敵為友又有何不可呢？

　　既然把敵人變成朋友，再來就要學著信任，因為這也是拉攏人心的重要手段與胸襟。

　　信任是互相的，如果對方無法感受到你的信任，同樣也不會信任你。在彼此缺乏信賴的狀況下，又怎麼能成大事呢？

· 42 ·

諸葛亮大勝司馬懿——
出奇才能制勝

厚黑不只是狡猾的謀略，背後隱含的是天馬行空的思
考。簡單說，就是拋開常規與常理，才能有更創新的
對策。沒有規範就是規範，這正是「厚黑」的真諦！

諸葛亮第五次出祁山至隴上時，因李嚴運米不到，營中缺糧。正巧隴上麥熟，諸葛亮決定組織士兵割麥，以解決軍需。老謀深算的司馬懿料到蜀兵無糧，早已引兵屯紮隴上，嚴防蜀兵割麥。諸葛亮巧用一計，未損一兵一卒便將隴上小麥割盡，並運到鹵城打曬，解決了燃眉之急。

當時，諸葛亮讓人推過三輛一模一樣的四輪車，又選派三名士兵，打扮成自己的樣子坐在車上，令姜維、馬岱、魏延各引一千軍帶一輛車，迂迴於隴上麥田周圍。另用二十四人黑衣赤足，披髮仗劍，手執黑色七星幡，在左右推車。又令三萬士兵帶上鐮刀、馱繩，伺機割麥。

諸葛亮又選出二十四名精壯之士，也各穿黑衣，披髮赤足，仗劍簇擁一輛四輪車，自己端坐車上，向魏營而來。

司馬懿見狀，對將士們說，這是諸葛亮作怪，你們快去連人帶車一併捉來。諸葛亮見魏兵趕來，下令回去。魏兵追趕了五十里都沒有追上，只好退兵。

剛剛調轉馬頭，左面戰鼓大震，只見蜀兵裡又出現一個諸葛亮，簪冠鶴氅，手搖羽扇，和剛才一樣坐在車上，司馬懿大驚不解。

這時，右邊戰鼓又鳴，蜀兵殺來。軍中四輪車上也坐著一個諸葛亮，也是二十四人披髮仗劍，左右擁車。

司馬懿萬分驚疑地對諸將說：「此必神兵也。」眾軍心下大亂，不敢交戰，各自奔走。

正行之際，忽然鼓聲又鳴，一彪軍馬喊殺而來，當中一輛四輪車，諸葛亮端坐於上，左右推車者，同前一般，魏兵無不駭然。司馬懿不知是人是鬼，又不知到底有多少蜀兵，十分驚懼，只好急急引兵奔入上邦，閉門不出。

三日後司馬懿方敢出城。就在司馬懿與四個諸葛亮往來交戰

的時候，三萬蜀兵早把隴上的麥子割完了。

後來，司馬懿知其真相，也不禁仰天長歎，諸葛亮果真有神出鬼沒之機！

在難以求勝的時候，利用奇兵或奇計，讓對方意料不到，同樣也能取得勝利。

諸葛亮就是採取了史無先例的求異之術。

異者，與眾不同也。求異之術，即追求與眾不同的方法、戰術，使對方在心理上感到驚訝、恐懼、好奇、疑惑，以此達到預期的目的。

一九五四年二月，日本航空公司開闢了第一條國際航線，路線是從東京飛至美國舊金山。

當時的日航是一家小型航空公司，和美國的泛美航空、西北航空等大型航空公司相比，很難與它們競爭。

當時國際民航協會規定，各家航空公司國際航線的票價都必須按接近統一的價格收費，絕不能公開以低廉的票價作為推銷手段。因此，日航成本較低的優勢根本無法得以體現。而規模較大的航空公司，則競相採用最新的機種，並在航線和班次方面以多取勝。

當時，所有航空公司的廣告幾乎都無一例外地宣傳自己「有珍饈美酒款待，有精緻點心供應，有腿部可伸曲自如的寬敞座位，有殷勤周到空中小姐」。

日航的廣告代理商──日本BKI公司的策劃人員，經過周密的調查和分析發現了一個看似與航空公司毫不相關的秘密：各國的人士普遍認為日本的女性最具有柔順和體貼的美德。

不管這個看法究竟正確與否，BKI公司的策劃人員立即想到

這是一個可以利用的宣傳資本。

因為無論是美酒還是點心或者機艙設備，這些都是很容易模仿的，但是日本小姐在人們心目中的獨特魅力卻是誰也學不去拿不走的。

有鑑於此，BKI公司想到，將日本女性的這些獨特優點，與日航空中小姐們的服務聯繫起來。由空中小姐展現出人們心中完美的日本女性形象，一定能形成日航的獨特之處，使得日航服務具有與眾不同的競爭力。

空中小姐是直接服務旅客的，由空中小姐將日本的女性形象表現給他們，不僅會讓外國旅客信服，而且還能吸引更多人的好奇心。經過改善後，日航的空中小姐形象仍是一位身穿和服的日本女性，模樣甜美可愛，笑容溫馨動人，待客的姿態儀表十分優雅別致。

隨後，日航公司將這個形象在世界各地的傳媒中不斷加以強化和宣傳，後來人們常常見到的便是這麼一組畫面：一位笑盈盈的日本小姐雙手托盤奉茶；她在進餐時，指導西方旅客如何用筷子時的溫柔表情；她注目微笑，纖手半掩櫻唇的低聲答問；斟酒分菜時的細心姿態……

這些宣傳手法都充分展現了日本女性的柔美溫情，從而深深打動了消費者的內心。這個形象隨著日航業務的擴展，逐漸流傳到世界各地。

隨著日航不斷增闢新航線，換用最新機種，再配合這種可愛又動人的服務形象，累積成的驚人廣告效果，使日航在國際民航協會一百零四家會員公司中的地位直線上升。

經過宣傳，身穿和服的日本空中小姐，優雅的服務形象已是舉世聞名。

在戰爭中可依靠、可信賴的隊伍,古人稱之為「奇師」;在市場上既搶手又賺錢的貨物被稱為「奇貨」。

在市場領域中,經營者要想經營得好,就必須有「奇貨」,正所謂「奇貨可居」,這樣才能出奇制勝。

厚黑不只是狡猾的謀略而已,背後隱含的是天馬行空的思考模式。我們不斷強調,要把厚黑發揮到極致,不可缺少的就是靈活的創意。

想別人沒想過的怪招、用別人沒嘗試過的角度切入觀點……簡單地說,就是拋開常規與常理,才能有更創新應對市場、敵手的對策。

在這個瞬息萬變的社會,要想成功,就必須讓自己更機靈、更圓滑、更不受規範拘束。沒有規範就是規範,這正是「厚黑」的最終真諦!

· 43 ·

曹操計除二袁——
就是要趁火打劫

「趁火打劫」是最經典的厚黑法則。對敵人仁慈，就
是對自己殘忍。不妨自問，最終，你希望看到失敗的
是敵人還是自己？答案顯而易見。

　　袁紹在官渡慘敗之後，憂鬱而死。雖然這對袁氏家族是一個沉重的打擊，但袁紹的兒子和女婿仍握有重兵。

　　二〇三年，曹操打算採用各個擊破的辦法，一舉消滅袁氏的殘餘勢力。

　　曹操首先進攻佔據黎陽的長子袁譚。袁譚在抵擋不住曹軍攻擊，向弟弟袁尚求助。二袁合兵，加上鄴城城堅難攻，相持數日，仍無結果。

　　曹操無奈，轉而南征荊州劉表。袁氏兩兄弟見曹操撤兵而去，便開始了爭奪繼承權的內訌。最終袁譚兵敗，逃到平原，被袁尚團團圍住，攻打甚緊，袁譚只好向曹操求援。

　　曹操意欲答應，謀臣荀攸持有異議，勸曹操說：「天下正值多事之秋，而劉表據有江漢之間，竟無四處張兵之意，可知其人胸無大志，不足憂慮。袁氏兄弟兵甲十萬，佔地千里，如果他們和睦相處，共守成業，冀州便無法相謀。」

　　「現在袁譚、袁尚兄弟交惡，勢不兩立。如果一方取勝，則兵力統一於一人。到那時，再欲征伐便困難重重了。因此，我們應趁其內亂而取之，良機不可喪失。」

　　於是，曹操採用荀攸「趁火打劫」之計，興兵至黎陽，先與袁譚聯姻以穩其心，然後進攻袁尚。到次年八月，終於掃清了袁尚的勢力。

　　第三年春天，曹操又以「負約背盟」為名，消滅了袁譚，佔據冀州。

　　袁氏幾代經營的領地，頃刻轉於曹操之手。荀攸因為卓越的謀略，被曹操封為陵樹亭侯。

　　在對方出現危難時，乘機進攻奪取勝利，這是強者利用優勢，抓住戰機，制服弱敵的策略。

《孫子兵法》說：「亂而取之。」

意思是說：當對方處於混亂之火中，己方就應該適時抓住機會趁勢「打劫」，這樣不僅容易成功，而且還能從中得到意外的好處。

一八七三年美國經濟危機期間，達布尼－摩根公司和巴林兄弟公司、費城的安東尼‧德雷克塞爾、紐約的利瓦‧伊莫頓以及紐約其他幾位大銀行家聯合，從庫克手中奪取價值兩億美元的國家債券。

不久，摩根及其合夥人又以同樣的方法贏得了三十三億國家債券中的一半，並且做得順理成章。

在這場危機中，德雷克塞爾－摩根公司成為美國實力最雄厚的投資銀行，控制了美國政府的債券市場，同時繼續向歐洲拋出優惠證券。

一八八四年的金融危機進一步鞏固了摩根的地位。從十一月開始，就有一個謠言傳遍了華爾街，說美國政府不得不放棄以黃金支付貨幣的做法，致使國庫告急，落到了幾乎無力償清債務的地步。

為了救濟金庫空虛帶來的經濟恐慌，必須立即籌集到一筆巨額資金。據政府財政當局估計，這筆資金至少要一億美元。

摩根知道，在這股搶購黃金的風潮中，政府已到了無計可施的地步。他跟貝爾蒙商定，由他們兩家銀行組成辛迪加公司，承辦黃金公債，既可解救財政部危機，又可獲得高額利潤。但因他們的條件太苛刻，美國國會並沒有通過這個建議。

當時的財政部長卡利史爾使出苦肉計，以超出面額的一百一十七點公開募集五千萬美元公債，打破了投資金融界的慣例，惹惱了摩根。

透過摩根的幕後操縱，財政部長的計劃最終沒有成功。

出於無奈，摩根再次被總統召入白宮。摩根說：「除了我和羅斯查爾組成的辛迪加，能讓倫敦的黃金重新流入國內，似乎沒有第二種辦法可以解救陷於破產的國庫了。現在，我手頭就有一張一千兩百萬美元的支票沒有兌現，若是今天將這張支票兌現了，一切就都完了，要不要我在這裡拍電報，現在立刻匯到倫敦去呢？」

在這種威脅下，總統不得不答應摩根提出的條件，白宮在華爾街面前甘拜下風。

當夜，摩根即取出大量美元交給財政部，幫助財政部渡過難關。摩根僅在向政府承包的公債價格與市場差價中，就淨賺了一千二百萬美元。

摩根趁火打劫的功夫，可以說是出神入化。

這也說明，他深諳知己知彼，利用對方弱點的訣竅。不斷地趁別人危難時獲取利益，幾乎成就了他的整個擴張事業，從美國到法國，一直到全世界。

美國花旗銀行在德國開辦家庭銀行，幾年的時間，就在德國消費者中取得了統治地位，運用的就是「趁火打劫」戰略。

德國的銀行家們雖然也知道普通的消費者有一定的購買力，能成為銀行的客戶。但他們認為，大銀行向來是為工商界和富有投資者服務，為普通消費者服務不免有損大銀行的尊嚴。

花旗銀行正是抓住了德國金融市場的薄弱環節，創辦家庭銀行，專為個人消費者服務，經營消費者所需的業務，一切手續都令消費者感到便利。

雖然德國銀行有極強大的勢力，有遍布在每個城市商業區的

眾多分支機搆，但花旗銀行所辦的家庭銀行只花了五年的時間，就佔有全德國的銀行消費業務。

　　利用他人的弱點以牟取自己的利益，是常見的商戰策略之一。

　　「趁火打劫」是經營者慣用的技巧。為了使企業和產品在競爭中立於不敗之地，經營者往往千方百計地爭奪利益，以達到預期目的。這也正是最經典的厚黑法則。

　　商場上不是你輸就是我贏，若是競逐之時大談仁義道德，不免顯得有些矯情。

　　要知道，有利益可取，才有商業行為的存在，要是太過溫吞猶豫，不懂得把握機會打擊對方、榨取利潤，那麼最後被踩在腳下的就會是你！

　　競爭是不講求仁慈的，因為對敵人仁慈，就是對自己殘忍。不妨自問，你希望看到失敗的是敵人還是自己？

　　我想答案顯而易見。

· 44 ·

樂不思蜀——
有目標，成功才有方向

厚黑，除了面皮厚，冷靜理智的程度必須達到「黑心
級」的標準，就算泰山崩於前也能面不改色。這將有
助於你一步不差朝自己設定的目的地前進！

司馬昭擺平了魏國的內部爭鬥，就開始實行統一天下的計劃。這個計劃首先要做的，就是滅掉蜀漢。

當時蜀漢的情況是，諸葛亮在世時，劉禪事事聽從他的安排，待諸葛亮一死，劉禪頓時失去可依靠的人，不知道該怎麼辦，竟寵信宦官黃皓，自己卻不理國事，只知道尋歡作樂。

司馬昭派鍾會率領十萬人馬攻打蜀國。姜維接到情報後，馬上報知劉禪，但阿斗竟只讓一名師婆卜測吉凶，師婆大言不慚的說不必憂慮。

劉禪聽後，便不再聽姜維的話，只與黃皓在宮中宴飲作樂。另一方面，魏國大將鍾會、鄧艾等，兵分十餘路，浩浩蕩蕩殺向蜀國。

鄧艾親自帶了五千精兵，不穿衣甲，手執開山斧，從高山峻嶺中強行開出一條小道，神不知鬼不覺地直奔蜀國的首都成都。

很快，成都接到探子飛報，說鄧艾的兵馬已兵臨城下，城外百姓扶老攜幼，痛哭逃生。

劉禪驚惶無措，竟然不顧群臣的反對，命人寫降書、樹降旗。劉禪的第五個兒子北地王劉諶，見父親如此昏庸，一家五口悲憤地自盡。

第二天，劉禪自己綁著雙手，帶領大臣們投降鄧艾。

司馬昭把劉禪接到洛陽，封他為安樂公，賜給他金錢、美女、住宅。劉禪安下心來，漸漸忘了亡國的痛苦。

劉禪為表感謝，特意登門致謝，司馬昭於是設宴款待，並以歌舞助興。

當演奏到蜀地樂曲時，蜀舊臣們油然湧起國破家亡的傷懷之情，個個淚流滿面，而劉禪卻麻木不仁嬉笑自若。司馬昭見狀，便問劉禪：「你還想念蜀國嗎？」

劉禪不假思索地回答：「在這裡這麼快樂，我已經不想蜀國

了。」

劉禪樂不思蜀，是因為他沒有自己的目標，或者說他的目標只放在吃喝玩樂，而不是管理好一個國家。若是前者，他的確是失敗了。但如果是後者，那麼他也算是達成，至於評價是褒是貶自有後人公斷。

但是毫無疑問，要想成為一個成功的人，就一定要明確找出目標，這樣才會有奮鬥的方向。

一位年輕人向拿破崙‧希爾請教富人成功的秘密，拿破崙沒有馬上回答他的問題，而是問他：「你最想從生命中得到什麼？」

「我想要快樂、健康，當然還有富足。」年輕人回答道：「難道別人不需要這些嗎？」

「是的，但這也是為什麼大多數人與快樂、健康和富足無緣的原因。如果你不知道要在生命中尋找什麼，你又能如何找到它呢？」

「可是，我剛才不是說了嗎？我要健康、快樂和富足。」年輕人堅持。

「可是這些字眼模糊不清、含糊不明，沒什麼特別的意義，它們到底是什麼意思呢？」

「對不起，我不懂。」年輕人說道。

「好！那我們說得更明確一點，你要怎樣才會感到富足？你必須賺多少錢才會感到富足？」

年輕人終於明白他的意思：「我至少需要賺比現在的薪水多兩倍的錢才會感到富足。」

「還有呢？」拿破崙‧希爾問道。

「我要擁有一棟房子，沒有貸款負擔，還想要一部車子……」

「哪種房子？哪種車子？」拿破崙打斷他的話，「貧民窟的房子你也可以接受嗎？」

「不！當然不！」年輕人說：「我想要一棟有三個房間，位於城市北部地方的房子。」

「好！現在你已經越來越清楚了。」拿破崙・希爾又問：「你認為賺比現在多兩倍的薪水，可以負擔這樣的房子嗎？」

「不能。」年輕人笑了，「我得賺比現在多五倍的錢，才能負擔這種房子。」

「這麼說，你剛才為什麼說只要多賺兩倍，你就感到富足了呢？」

「我……我想，我還沒有認真思考過這個問題。」年輕人有些不好意思地承認。

「你發現其中的矛盾了嗎？」拿破崙說：「很多人都說他們希望富有，可是很少有人花時間仔細去想他們到底要什麼，以及為什麼要。」

「如果你想為生活創造源源不絕的財富，就必須認真地把這些考慮清楚，找出你最明確的需求，甚至最細節的部分也要一併列入，這是非常必要的過程。只說你想要一部車，那是不夠的。你必須知道是什麼車、哪種牌子、什麼樣子、什麼顏色，才能讓你的心裡有清楚的焦點。」

「最後，一個清楚的目標還不夠，你還必須知道原因，以及如何達到目的，這樣才能真正對你有所幫助。也就是說，你必須學會透過制定明確的目標，以創造未來。」

年輕人聽後恍然大悟。

　　為了實現明確的目標而奮鬥到底的人，最後總會獲得成功。因為他們知道自己想要去哪裡，並且該如何抵達。

　　反之，如果沒有明確的目標，就只能像一隻無頭的蒼蠅，到處碰壁，最終一事無成。

　　立下目標後，就要一步一步，想盡辦法逐步實踐它。

　　可惜，許多人雖然已經達到立定目標這一步，卻無法貫徹到底。原因就在於，他們多半由情感主導自己的意志，經常將理智撇在一旁。

　　我們一直在討論的厚黑，除了需要面皮厚之外，冷靜理智的程度更必須達到「黑心級」的標準。

　　當你「黑心」到極致，就算泰山崩於前也能面不改色，更能以極度的客觀冷靜面對所有事、所有決策、所有判斷，而這將有助於你一步不差地朝自己設定的目的地前進！

天才謀略家司馬懿的人生博弈！

陸杰峰 著

三國大軍師
Three Kingdoms
Sima Yi

司馬懿

上卷
三方博弈

司馬懿有不下於諸葛亮的智商謀劃，
有不弱於曹操的厚黑雄心，
既會裝病裝窩囊，又會裝傻裝弱智，
暗中默默開拓司馬家族勢力，
最後篡奪了三國成果！

普 天 之 下 ● 盡 是 好 書

普天 出版家族
Popular Press Family
http://www.popu.com.tw/

血淋淋的三國歷史，赤裸裸的曹操霸術

公孫龍策 著

三國奸雄

Three Kingdoms Cao Cao

曹操

天之卷

他是千古第一奸雄，生性狡詐，殺人如麻，擅長權謀霸術，
行事不擇手段，在歷史上翻起驚濤駭浪，卻有人不斷為他喊冤！
他是史上性格最複雜、具備最多重人格的反派角色，面厚心黑，
忠奸難辨，一生充滿驚奇！
他是橫掃亂世的硬漢，是野心勃勃的政客，也是屠城殺降的狂魔、
熱愛賣弄風騷的詩人……

普 天 之 下 • 盡 是 好 書

普天 出版家族 Popular Press Family
http://www.popu.com.tw/

生活講義

164

三國演義厚黑講義

作　　者　王　照
社　　長　陳維都
藝術總監　黃聖文
編輯總監　王　凌
出 版 者　普天出版家族有限公司
　　　　　新北市汐止區康寧街 169 巷 25 號 6 樓
　　　　　TEL／(02) 26921935 (代表號)
　　　　　FAX／(02) 26959332
　　　　　E-mail：popular.press@msa.hinet.net
　　　　　http://www.popu.com.tw/
　　　　　郵政劃撥 19091443 陳維都帳戶
總 經 銷　旭昇圖書有限公司
　　　　　新北市中和區中山路二段 352 號 2F
　　　　　TEL／(02) 22451480 (代表號)
　　　　　FAX／(02) 22451479
　　　　　E-mail：s1686688@ms31.hinet.net
法律顧問　西華律師事務所・黃憲男律師
電腦排版　巨新電腦排版有限公司
印製裝訂　久裕印刷事業有限公司
出 版 日　2019 (民 108) 年 10 月第 1 版
ＩＳＢＮ◉978-986-389-677-7　　　條碼 9789863896777
Copyright◎2019
Printed in Taiwan ,2019 All Rights Reserved

國家圖書館出版品預行編目資料

三國演義厚黑講義／

王照編著. —第 1 版. —：新北市, 普天出版

民 108.10 面；公分. -（生活講義；164)

ISBN◉978-986-389-677-7 (平裝)

CIP⊙177.2

普天之下・盡是好書

普天 出版社
Popular Press